Le Coup de Chiflet

Conception graphique : Léopoldine O'Zoux
Éditorial : Christophe Absi

© 2006, Éditions Chiflet & Cie
département de Hugo et Compagnie,
38, rue La Condamine, 75017 Paris.
www.hugoetcie.fr

ISBN : 2-35164-013-6

Jean-Loup Chiflet

Le Coup de CHIFLET

Chiflet&Cie

!!!

ALMANIAQUES NOUS VOILÀ !

Dans la longue tradition des spicilèges, des almanachs, et dans celle plus récente des excellentes miscellanées chères à Ben Schott, à Michel Déon et à Jacques Drillon, voici un ouvrage qui ne devrait pas laisser indifférents les « Bricabraquologues » célébrés par Balzac et autres fureteurs à la recherche du superfétatoire dispensable...

Mais trêve de pédanterie ; en clair voici un non-livre qui, non content d'être non utile, est non nul mais très avenu... foi d'almaniaque !

J.-L. C.

PS : Voltaire disait « Aime la vérité mais pardonne l'erreur ». Puisse la sagesse de cette pensée inspirer ceux ou celles qui ne manqueront pas d'en trouver...

!!
!!!

Ils sont à tous les coins de rues

ALEXANDRE LEDRU-ROLLIN
*Avocat,
ministre de l'intérieur,
1807/1874*

ANATOLE FRANCE
Écrivain, 1844/1924

ARISTIDE BRIAND
*Homme politique, avocat,
journaliste, 1862/1932*

EDGAR QUINET
Historien, 1803/1875

FÉLIX FAURE
*Président sous la Troisième
République, 1841/1899*

GABRIEL PÉRI
*Homme politique,
secrétaire général des
jeunesses communistes
1902/1941*

GIUSEPPE GARIBALDI
*Instigateur de l'unité
italienne, 1807/1882*

JEAN JAURÈS
*Homme politique,
philosophe et historien
1859/1914*

JOSEPH SIMON GALLIENI
Général, 1849/1916

JULES GRÉVY
*Président de la Troisième
République après Mac-Mahon
1807/1891*

LAZARE CARNOT
*Général, homme politique
et savant, 1753/1823*

LÉON GAMBETTA
*Homme politique, fonda
le journal* La République
française, *1838/1882*

MAX DORMOY
*Ministre de l'intérieur
dans les cabinets Chautemps
et Blum, 1888/1941*

PAUL VAILLANT-COUTURIER
*Homme politique,
journaliste, 1892/1937*

PIERRE BROSSOLETTE
*Résistant, militant socialiste,
journaliste, 1902/1944*

ROGER SALENGRO
*Homme politique,
ministre de l'intérieur
sous le Front populaire,
1890/1936*

THOMAS WOODROW WILSON
*Président des États-Unis
1856/1924*

Papa ou Papy

Saul Bellow	84 ans
Anthony Quinn	81 ans
Charlie Chaplin	73 ans
Francisco de Goya	68 ans
Clint Eastwood	66 ans
Yves Montand	67 ans
Pablo Picasso	67 ans
James Brown	67 ans
Marlon Brando	65 ans
Cary Grant	62 ans

(Ils sont devenus pères à cet âge avancé.)

Il faut que « genèse » se passe !

Le premier jour : Dieu créa la lumière
>>
Le deuxième jour : le ciel
<<<<<<<<<<<<<<<<<<<<<<<<<<<<<<<<<<<<<<<<<<<<<
Le troisième jour : la terre et la mer
>>>
Le quatrième jour : le soleil et les étoiles
<<<<<<<<<<<<<<<<<<<<<<<<<<<<<<<<<<<<<<<<<<<<<
Le cinquième jour : la faune aquatique et les oiseaux
>>>
Le sixième jour : la faune terrestre et l'homme
<<<<<<<<<<<<<<<<<<<<<<<<<<<<<<<<<<<<<<<<<<<<<
Le septième jour : Il se reposa
>>>
<<<<<<<<<<<<<<<<<<<<<<<<<<<<<<<<<<<<<<<<<<<<<

Avis de recherche

Gorille : un gentil méchant
Taille : 1,40 m-1,90 m
Poids : 68-200 kg
Longévité : 35 ans (50 ans en captivité)
Répartition : Ouest de l'Afrique équatoriale et Est du Zaïre
Individus répertoriés en 2006 : 120 000

※

Bonobo : un pacifiste
Taille : 70-83 cm
Poids : 35-50 kg
Longévité : 40 ans (60 ans en captivité)
Répartition : République démocratique du Congo
Individus répertoriés en 2006 : 10 000 à 20 000

※

Orang-Outang : un solitaire
Taille : 1,10 m-1,40 m
Poids : 40-80 kg
Longévité : 35 ans (50 ans en captivité)
Répartition : Sumatra (Indonésie) et Bornéo (Malaisie)
Individus répertoriés en 2006 : 30 000 à 50 000

※

Chimpanzé : un habile artisan
Taille : 70 cm-1,20 m
Poids : 35-60 kg
Longévité : 45 ans (60 ans en captivité)
Répartition : une vingtaine de pays d'Afrique équatoriale.
Individus répertoriés en 2006 : 200 000

(Espèces menacées.)

Vieilles branches

SÉQUOIA GÉANT : 1000 ans
OLIVIER : 1000 ans
CÈDRE DU LIBAN : 500 ans
CYPRÈS CHAUVE : de 400 à 500 ans
TILLEUL : de 300 à 400 ans
SAPIN DOUGLAS : plusieurs siècles
PIN D'ALEP : 200 ans
PIN PARASOL : 200 ans
GINKGO : de 150 à 200 ans
CERISIER SAINTE-LUCIE : 150 ans
MERISIER : 100 ans
SAPIN DE GRÈCE : 100 ans et plus
SAPIN DU COLORADO : 100 ans et plus
PIN SYLVESTRE : 100 ans
SAULE : 100 ans
POIRIER : de 80 à 100 ans
PÊCHER : de 10 à 20 ans

(Longévité moyenne de certains arbres.)

T'as de beaux yeux tu sais !

EN BASQUE))) badakissou, bégui éderrak ditoussou.
EN BENGALI))) aplitchane gouloutchi tou dour.
EN BICHLAMAR))) lou savé sé iou kat naéssefala aés.
EN INUKTITUT))) piouyounike iiraravite raouyimavoutite.
EN LAOTIEN))) hou bô, ta tiao gam.
EN MALAIS))) sa-ya su-ka ma-ta a-wak.
EN PERSAN))) che cheshma'ne ziba'ii'da'rid.
EN QUECHUA))) mou-na-è-tchahne niah-wi-i-ki.
EN TAGALOG))) anganedaganeda ng mga matamo.
EN TIBÉTAIN))) kyé rang la tchèn'dzé po dou.
EN WOLOF))) beute you tarrounga ame.

C'est marqué dessus

••

ADIDAS, fondé par Adolphe Dassler, surnommé Adi.
ALKA-SELZER, abréviation d'alkaline et de selzer (terme général pour désigner l'eau pétillante).
ASPIRINE, de l'allemand *acetylirte spirsaüre* et du suffixe chimique « in ».
BIC, stylo à bille du nom de son inventeur, le baron Marcel Bich.
BMW, abréviation de Bayerische Motoren Werke.
DIESEL, carburant inventé par Rudolf Diesel.
FRIGIDAIRE, de frigid et air : air glacé.
JEEP, contraction des initiales G.P. (Dji–Pi) : General Purpose (tous usages).
LASER, *Light Amplification by Stimulation Emission of Radiations* (amplification de la lumière par émission stimulée de radiations).
LEGO, du danois *leg godt* (jouer bien).
NIVÉA, du latin *nix, nivis* (neige).
NUTELLA, de *nuss* et *nut* (noisette) en allemand et en anglais.
NYLON, *Now You're Lost Old Nippons* (maintenant vous êtes foutus vieux japonais!).
OMO, initiales de « vieille maman chouette » (*Old Mother Owl*).
RADAR, initiales de *RAdio Détection And Ranging* (détection et positionnement par radio).
SONAR, d'après l'expression *SOund NAvigation Ranging*.
TERGAL, dernière syllabe de polyesTER et première de GALlicus (gaulois).
TRANSISTOR, contraction de TRANSfer et de resISTOR (résistance de transfert).
TUPPERWARE, du nom de son fondateur Earl Tupper.
VELCRO, VELours-CROchet.
VIAGRA, de Vigor et Niagara.
VOLVO, du latin *volvere* (rouler).
ZIPPO, de l'anglais *zipper* (fermeture).

••

Le zoo des mots

Il y a anguille sous roche : *Anglais*))) *I smelt a rat at once* (j'ai tout de suite reniflé un rat). *Espagnol*))) *Hay gato encerrado* (il y a un chat là-dessous). *Italien*))) *Gatta ci cova* (la chatte y couve).

Jouer à saute-mouton : *Anglais*))) *Leapfrog* (saute-grenouille). *Allemand*))) *Bockspringen spielen* (jouer à saute-bouc). *Italien*))) *Giocare alla cavallina* (jouer à la pouliche).

Courir deux lièvres à la fois : *Espagnol*))) *El que dos liebres sigue tal vez casa una, muchas veces ninguna* (qui court deux lièvres à la fois, en attrape parfois un, mais le plus souvent aucun). *Allemand*))) *Zwei fliegen mit eine klappe schlagen* (tuer deux mouches avec une tapette). *Italien*))) *Prendere due piccioni con una fava* (prendre deux pigeons avec une fève).

Bayer aux corneilles : *Anglais*))) *To catch flies* (attraper des mouches). *Espagnol*))) *Papar moscar* (gober les mouches). *Allemand*))) *Augen wie ein kalb haben* (faire des yeux de veau).

Avoir un chat dans la gorge : *Anglais*))) *To have a frog in one's throat* (avoir une grenouille dans la gorge). *Espagnol*))) *Tener un gallo en la garganta* (avoir un coq dans la gorge). *Allemand*))) *Einen frosch im hals haben* (avoir une grenouille dans la gorge).

Gai comme un pinson : *Anglais*))) *To be as merry as a cricket* (être joyeux comme un grillon). *Espagnol*))) *Ser alegre como unas castanuelas* (gai comme des castagnettes). *Allemand*))) *Sich wie ein stint freuen* (se réjouir comme un éperlan).

Quand les poules auront des dents : *Anglais*))) *When the pigs begin to fly* (quand les cochons se mettront à voler). *Espagnol*))) *Cuando las ranas crien pelos* (quand les grenouilles auront des poils). *Allemand*))) *Wenn die hünde mit dem schwanz bellen* (quand les chiens aboieront avec la queue).

Alors, on fretinfretaille ?

ACCAGNARDER (S') = S'acoquiner, mener une vie libertine fainéante
CRAQUIGNOLER = Insulter
DÉBAGOULER = Vomir
ENCOLIFLUCHETER = Être mélancolique
FRETINFRETAILLER = Baiser charnellement, donner du plaisir
GOBELOTER = Boire toute la journée
HARPIONER = Quereller, disputer
INCAGUER = Se moquer de quelqu'un
JOQUETER = Peupler le monde par l'acte de chair
KAÏR = Tomber
LANTIPONNER = Différer, hésiter
MIDERONNER = Dormir l'après-midi
NACQUETTER = Suivre ou attendre quelqu'un de façon servile
OCQUISENER = Tourmenter
PATROCINER = Défendre son point de vue
QUAILLER = Jouer de la queue avec une femme
RASSOTER = Devenir sot
SUPPÉTIDER = Terrasser
TRANCHECOUILLER = Châtrer
URÉDER = Courir deçà delà
VIDIMER = Certifier conforme
ZINGOLINER = Bleuir
(Quelques jolis verbes oubliés.)

On est les champions !

1999 ➤ 🚲 ARMSTRONG
2000 ➤ 🚲 ARMSTRONG
2001 ➤ 🚲 ARMSTRONG
2002 ➤ 🚲 ARMSTRONG
2003 ➤ 🚲 ARMSTRONG
2004 ➤ 🚲 ARMSTRONG
2005 ➤ 🚲 ARMSTRONG

(Vainqueurs du Tour de France.)

Là-haut, sur la montagne

Annapurna ▲ 8076 m, Népal

Aconcagua ▲ 6959 m, Chili/Argentine

Empire State Building ▲ 361 m, New-York, USA

Colonne de la Victoire ▲ 69 m, Berlin, Allemagne

Coupole de Saint-Pierre de Rome ▲ 119 m, Italie

Grande Pyramide de Chéops ▲ 137,20 m, Le Caire, Égypte

Ligne de chemin de fer Ferrocarril Central Andeo ▲ 4813 m, Pérou

Tour Eiffel ▲ 324 m, Paris, France

Kilimandjaro ▲ 5895 m, Tanzanie

Mont Blanc ▲ 4808 m, Alpes, France

Pic Ismail Samoni ▲ 7495 m, Tadjikistan

Mont Everest ▲ 8846 m, Tibet/Népal

Tsaratanana ▲ 2880 m, Madagascar

Le protocole de Kyoto

Les Japonais se saluent mutuellement en maintes occasions, lors d'une première rencontre, lorsqu'ils présentent une requête, qu'ils expriment leur gratitude ou qu'ils se disent au revoir. La révérence japonaise est un acte de modestie et d'humilité.
Avant de s'incliner, les Japonais se tiennent debout, les bras tendus le long du corps, les paumes des mains tournées vers l'intérieur et posées contre les cuisses. Ils s'inclinent ensuite en avant en fléchissant le corps au niveau de la taille d'un mouvement vif, délibéré, nullement affecté. Pour ce faire, restez incliné pendant une ou deux secondes, les yeux baissés, puis redressez-vous. Le plus souvent il vous suffira d'incliner le buste de 10° à 20° par rapport à la verticale. Si vous l'inclinez à 30° environ, c'est que vous entendez solliciter un emprunt. Si vous accentuez encore votre révérence, autant dire que vous faites de l'esbroufe ou que vous vous trouvez dans une position si critique que vous ne savez plus comment vous en sortir !

(Comment saluer à la japonaise.)

Les oiseaux se crashent pour mourir

L'autruche, le casoar commun, le cormoran des Galápagos, le dodo (disparu), l'émeu, le kagou, le kakapo, le kiwi de Nouvelle Zélande, le moa (disparu), le nandou, le notornis, le manchot, le râle de l'île Inaccessible, le râle géant.

(Oiseaux qui ne volent pas ou plus.)

Prénoms de noms

BOSSUET :
Jacques Bénigne

BOTTICELLI :
Sandro

BOILEAU :
Pierre

BRASSAÏ :
Gyula

CABU :
Jean

DAVIDSON :
Arthur

DOSTOÏEVSKI :
Fedor

ÉRASME :
Didier

GALILÉE :
Galiléo

GUTENBERG :
Johannes

HARLEY :
William

HAUSSMANN :
Georges-Eugène

KIERKEGAARD :
Søren Aabye

LACAN :
Jacques

LANDRU :
Henri Désiré

LE CARAVAGE :
Michelangelo

LE CORBUSIER :
Charles-Édouard

LE GRÉCO :
Domenikos

LIVINGSTONE :
David

MACHIAVEL :
Nicolas

MAGELLAN :
Fernand

MAZARIN :
Giulio

MIRABEAU :
Honoré Gabriel

MODIGLIANI :
Amedéo

NELSON :
Horatio

NIJINSKI :
Vaslav

RAIMU :
Jules

SAINT-JUST :
Louis Antoine Léon

SEMPÉ :
Jean-Jacques

STENDHAL :
Henri

TALLEYRAND :
Charles-Maurice

VERMEER :
Jan

WATTEAU :
Antoine

ROLLS :
Charles

ROYCE :
Frederick Henry

TCHAÏKOVSKI :
Piotr

Vous avez des questions ?

« Pour qui sonne le glas ? » . . . . ERNEST HEMINGWAY

« Pour qui sont ces serpents qui sifflent sur vos têtes ? »
. . . . JEAN RACINE

« À quoi rêvent les jeunes filles ? » . . . . ALFRED DE MUSSET

« Qui a peur de Virginia Wolf ? » . . . . EDWARD ALBEE

« Aimez-vous Brahms ? » . . . . FRANÇOISE SAGAN

« Mais où sont les neiges d'antan ? » . . . FRANÇOIS VILLON

« Quand reverrai-je, hélas, de mon petit village fumer la cheminée ? » . . . . JOACHIM DU BELLAY

« Que diable allait-il faire dans cette galère ? » . . MOLIÈRE

« Ça vous chatouille ou ça vous gratouille ? » JULES ROMAINS

« Rodrigue as-tu du cœur ? ». . . . . PIERRE CORNEILLE

« Anne, ma sœur Anne ne vois-tu rien venir ? »
. . . . CHARLES PERRAULT

« Ta douleur, du Perrier sera donc éternelle ? »
. . . . FRANÇOIS MALHERBE

« To be or not to be ? That is the question. »
. . . . WILLIAM SHAKESPEARE

« Ma cassette ? Où est ma cassette ? ». . . . . MOLIÈRE

« Connais-tu bien Don Diègue ? ». . . . . . PIERRE CORNEILLE

« Dites-moi où en quel pays, est Flora la belle Romaine ? »
. . . . FRANÇOIS VILLON

« Doukipudontan ? » . . . . RAYMOND QUENEAU

« Objets inanimés avez-vous donc une âme ? »
. . . . ALPHONSE DE LAMARTINE

« Qui trompe-t-on ici ? » . . . . BEAUMARCHAIS

« Que sais-je ? » . . . . MONTAIGNE

Bouillon de culture

▪▪▪▪▪
1. *L'Étranger*
ALBERT CAMUS
▪▪▪▪▪
2. *À la recherche du temps perdu*
MARCEL PROUST
▪▪▪▪▪
3. *Le Procès*
FRANZ KAFKA
▪▪▪▪▪
4. *Le Petit Prince*
ANTOINE DE SAINT-EXUPÉRY
▪▪▪▪▪
5. *La Condition humaine*
ANDRÉ MALRAUX
▪▪▪▪▪
6. *Voyage au bout de la nuit*
LOUIS-FERDINAND CÉLINE
▪▪▪▪▪
7. *Les Raisins de la colère*
JOHN STEINBECK
▪▪▪▪▪
8. *Pour qui sonne le glas*
ERNEST HEMINGWAY
▪▪▪▪▪
9. *Le Grand Meaulnes*
ALAIN-FOURNIER
▪▪▪▪▪
10. *L'Écume des jours*
BORIS VIAN
▪▪▪▪▪

▪▪▪▪▪
11. *Le deuxième sexe*
SIMONE DE BEAUVOIR
▪▪▪▪▪
12. *En attendant Godot*
SAMUEL BECKETT
▪▪▪▪▪
13. *L'Être et le néant*
JEAN-PAUL SARTRE
▪▪▪▪▪
14. *Le Nom de la rose*
UMBERTO ECO
▪▪▪▪▪
15. *L'Archipel du Goulag*
ALEXANDRE SOLJENITSYNE
▪▪▪▪▪
16. *Paroles*
JACQUES PRÉVERT
▪▪▪▪▪
17. *Alcools*
GUILLAUME APOLLINAIRE
▪▪▪▪▪
18. *Le Lotus Bleu*
HERGÉ
▪▪▪▪▪
19. *Journal*
ANNE FRANCK
▪▪▪▪▪
20. *Tristes tropiques*
CLAUDE LÉVI-STRAUSS
▪▪▪▪▪

(Les 20 meilleurs livres élus par 6 000 lecteurs, la FNAC - Le Monde, 1999.)

Le temps c'est de l'argent

« «
« «

« La mauvaise monnaie chasse la bonne. » Loi de Gresham
« Les riches s'enrichissent toujours, les pauvres s'appauvrissent toujours. » Effet Matthews
« Un travail prend toujours plus de temps que prévu. » Loi de Murphy
« Sauf intervention extérieure, chacun tend à atteindre son niveau d'incompétence. » Principe de Peter
« Tout manager tend à recruter un adjoint pour faire son propre travail, et ainsi de suite. » Loi de Parkinson
« L'essentiel prend 20 % du temps et l'accessoire 80 %. » Loi de Pareto
« La puissance d'un ordinateur doublera tous les 18 mois. » Loi de Moore
« Au-delà d'un certain temps, le travail n'est plus efficace. » Loi d'Illitch

» »
» »

Mon gigolo is rich

• • I am in love with a **femme fatale**. She has so much **joie de vivre** and her **physique** is a **mélange** of **girafe** and **gazelle**. But my morale is **morose** because there are so many **gigolos** and **millionaires** in her **entourage**. All the time I send her **billets-doux** and offer her **cigarettes**. But she tells me that I am **grotesque** and **gauche**, and that my **eau de toilette** is **nouveau riche**. I know, **étiquette** is my **bête noire**, and I have no **savoir-vivre**. She belongs to the **élite** and I am just a **valet**... **C'est la vie** ! • •

(Quelques mots français utilisés par les Anglais.)

Redondances tautologiques

Accalmie passagère
Apanage exclusif
Au jour d'aujourd'hui

Bip sonore
Bref résumé
But final

Cabriolet décapotable
Campus universitaire
Casques bleus de l'ONU
Conclave de cardinaux
Contraint malgré lui
Court de tennis

Dépense somptuaire
Dernier baroud d'honneur
Deux jumeaux
Don gratuit
Double alternative
Dune de sable

Encyclique papale
Étapes successives

Faux prétexte
Futur projet

Grand maximum

Krach boursier

Marche à pied
Monopole exclusif

Panacée universelle
Panorama complet
Parc arboré
Patio intérieur
Pondre un œuf
Prévoir d'avance
Proviseur de lycée

Rafale de vent
Rédiger par écrit

Samba brésilienne
Sortir dehors

Tri sélectif

Vieux dicton
Voire même

(Pléonasmes inattendus.)

Et pourquoi pas Présidente ?

1861 JULIE DAUBIÉ .... (Première bachelière)
1910 ÉLISE DEROCHE .... (Première pilote brevetée)
1930 JEANNE EVRARD .... (Première chef d'orchestre)
1943 ANITA CONTI .... (Première femme océanographe)
1946 JANINE NIEPCE ... (Première photographe reporter)
1947 GERMAINE POINSO-CHAPUIS. . . . .
. . . .(Première française ministre)
1949 JACQUELINE JOUBERT. . . . .
. . . .(Première speakerine à la télévision)
1961 MARCELLE CLAVÈRE. . . . .
. . . .(Première chauffeur d'autobus à Paris)
1967 JACQUELINE DUBUS ...... (Première pilote de ligne)
1969 FRANÇOISE CHANDERNAGOR (Première major de l'ENA)
1972 ANNE CHOPINET . . . .
. . . .(Première major de Polytechnique)
1974 ARLETTE LAGUILLER . . . .
. . . . .(Première candidate à la Présidence de la République)
1978 MARIE-JEANNE VIGNIÈRE . . . .
. . . .(Première conductrice de métro)
1980 PAULINE BÈBE .... (Première femme Rabbin)
1980 MARGUERITE YOURCENAR . . . .
. . . .(Première femme à l'Académie française)
1980 ARLETTE BOUVIER ...... (Première arbitre de rugby)
1985 ANDRÉE TOURNÉ . . . .
. . . .(Première générale de l'armée de l'air)
1993 CLAUDIE ANDRÉ-DESHAYS . . . .
. . . .(Première spationaute)
2001 BÉATRICE VIALLE ... (Première pilote de Concorde)

Classe de troisième

ADOLPHE THIERS / / / 31 août 1871-24 mai 1873
PATRICE DE MAC-MAHON / / / 24 mai 1873-30 janvier 1879
JULES GRÉVY / / / 30 janvier 1879-2 décembre 1887
SADI CARNOT / / / 31 décembre 1887-24 juin 1894
JEAN CASIMIR-PERIER / / / 27 juin 1894-15 janvier 1895
FÉLIX FAURE / / / 17 janvier 1895-16 février 1899
ÉMILE LOUBET / / / 18 février 1899-18 février 1906
ARMAND FALLIÈRES / / / 18 janvier 1906-16 janvier 1913
RAYMOND POINCARÉ / / / 17 janvier 1913-17 février 1920
PAUL DESCHANEL / / / 18 février 1920-21 septembre 1920
ALEXANDRE MILLERAND / / / 23 septembre 1920-11 juin 1924
GASTON DOUMERGUE / / / 13 juin 1924-12 mai 1931
PAUL DOUMER / / / 13 mai 1931-6 mai 1932
ALBERT LEBRUN / / / 10 mai 1932-13 juillet 1940

(Les Présidents de la Troisième République, 1870-1940.)

Les enfants des bons dieux

○ APOLLON était le fils de : **Zeus et Léto**

○ ARTÉMIS de : **Zeus et Léto**

○ DIONYSOS : **Zeus et Sémélé**

○ ÉROS : **Hermès et Aphrodite**

○ HÉRACLÈS : **Zeus et Alcmène**

○ HERMÈS : **Zeus et Maïa**

○ NARCISSE : **Céphise et Liriopé**

○ ORPHÉE : **Oeagre et Calliope**

○ POSÉIDON : **Cronos et Rhéa**

Sorties des artistes

« Majesté votre sire est trop bonne. »
François 1er, CHRISTIAN JAQUE

« You know what ? I am happy. »
Droopy en Alaska, TEX AVERY

« Salauds de pauvres ! »
La traversée de Paris, CLAUDE AUTANT-LARA

« Nobody is perfect. »
Certains l'aiment chaud, BILLY WILDER

« Tu me tues. Tu me fais du bien. »
Hiroshima mon amour, ALAIN RESNAIS

« Si j'aurai su, j'aurai pas venu. »
La guerre des boutons, YVES ROBERT

« Quand j'entends le mot culture, je sors mon carnet de chèques. » *Le mépris*, JEAN-LUC GODARD

« Aux quatre coins de Paris qu'on va le retrouver, éparpillé et par petits bouts, façon puzzle. Moi, quand on m'en fait trop, je correctionne plus, je dynamite, je disperse, je ventile. »
Les tontons flingueurs, GEORGES LAUTNER,
dialogues de MICHEL AUDIARD

« Thérèse n'est pas moche,
elle n'a pas un physique facile,
c'est tout. »
Le Père Noël est une ordure, JEAN-MARIE POIRÉ

« La dernière fois que j'ai pénétré une femme, c'était la statue de la Liberté. » *Crimes et délits*, WOODY ALLEN

(Répliques célèbres au cinéma.)

Rôles secondaires

Armand Duval
l'amant fatal de
La dame aux camélias
ALEXANDRE DUMAS

Christine
la victime du
Fantôme de l'Opéra
GASTON LEROUX

Françoise
la domestique dans la
Recherche du temps perdu
MARCEL PROUST

Gina
la tante de Fabrice
Del Dongo dans
La Chartreuse de Parme
STENDHAL

Humbert Humbert
l'amant de la jeune *Lolita*
VLADIMIR NABOKOV

La marquise de Merteuil
complice de Valmont des
Liaisons dangereuses
CHODERLOS DE LACLOS

Madame Macmiche
la tortionnaire du
Bon petit diable
COMTESSE DE SÉGUR

Mellors
le jardinier de *L'Amant
de Lady Chatterley*
DAVID HERBERT LAWRENCE

Mouton
l'ami du *Petit prince*
ANTOINE DE SAINT-EXUPÉRY

Robert Jordan
l'amoureux de Maria dans
Pour qui sonne le glas
ERNEST HEMINGWAY

Solal
le mari d'Ariane dans
Belle du seigneur
ALBERT COHEN

Vera Claythorne
le dernier des
Dix petits nègres
AGATHA CHRISTIE

Werner von Ebrennac
l'officier allemand du
Silence de la mer
JEAN BRULLER dit VERCORS

Monsieur Homais
l'apothicaire de
Madame Bovary
GUSTAVE FLAUBERT

Plats du jour

Couscous	[30 %]	Choucroute	[17 %]
Poulet rôti	[27 %]	Blanquette de veau	[16 %]
Paëlla	[25 %]	Crêpes salées	[13 %]
Steak frites	[24 %]	Navarin d'agneau	[12 %]
Pizza	[21 %]	Cassoulet	[11 %]
Spaghettis à la Bolognaise	[21 %]	Petit salé aux lentilles	[11 %]
Bœuf bourguignon	[21 %]	Curry d'agneau ou de poulet	[8 %]
Moules marinières	[19 %]	Tartare de bœuf	[8 %]
Sole meunière	[18 %]	Bouillabaisse	[7 %]
Pot-au-feu	[18 %]	Sushis et Sashimis	[5 %]

(Préférences gastronomiques des français en 2006.)

Attention ! Écoles

• • • • • • • • ÉCOLE D'AVIGNON : école de peinture du XVe siècle dont les principaux représentants sont NICOLAS FROMENT, ENGUERRAND CHARONTON. • • • • • • • • • • • • • •
ÉCOLE DE BARBIZON : groupe de paysagistes français du milieu du XIXe siècle (COROT, MILLET, ROUSSEAU, DUPRÉ, DAUBIGNY), qui travaillaient à Barbizon, en forêt de Fontainebleau. Ils voulaient représenter la nature telle qu'elle est. • • • • • • • • • ÉCOLE DE FONTAINEBLEAU : école de peintres du XVIe siècle qui a connu deux influences : l'influence italienne et l'influence flamande. • • • • • • • • •
ÉCOLE DE PARIS : groupe de peintres expressionnistes, depuis 1925, dont firent partie MODIGLIANI, SOUTINE, CHAGALL, KISLING, PASCIN. Depuis 1945, a souvent désigné l'ensemble des artistes étrangers travaillant à Paris. • • • •
• • • • ÉCOLE DE PONT-AVEN : groupe de peintres qui travaillaient à Pont-Aven (Bretagne) à la fin du XIXe siècle à une simplification des formes et des couleurs, sous la direction de GAUGUIN.

Le temple du soleil

= **CENTEOCIUATI** = = = Déesse du maïs et de l'agriculture =
= **COATILCUE** = = = = = = = = = = = Déesse de la terre =
= **HUITZILOPOCHTLI** = = = = = = Dieu du Sud = de la guerre =
= = = = = = = de la chasse = du soleil = maître du monde =
= **QUETZALCOATL** = = = Dieu de L'Est = du vent = de la vie =
= de l'artisanat =
= **TEZCATLIPOCA** = = = Dieu du Nord = de la providence =
= = = = = = = = = = = = = = = = = = = inventeur du feu =
= **TIALOC** = = = = = = = = Dieu de la pluie, de la foudre =
= **XIPE TOTEC** = = = = = = Dieu de l'Ouest, du renouveau =
= de la végétation =
= **XIUHTECUHTLI** = = = = = = = = = = = = = Dieu du feu =

(Mythologie aztèque.)

Prenez notes

Au XIe siècle, **GUI D'ARREZO** choisit la première syllabe de l'hymne des Vêpres de **SAINT JEAN-BAPTISTE** pour baptiser les notes :

        Ut —— **UT** queant laxis
        Ré —— **RE**solvare fibris
        Mi —— **MI**ra gestorum
        Fa —— **FA**muli gestorum
        Sol —— **SO**lve poluti
        La —— **LA**bii reatum
        Si —— **S**ancte **I**ohannes

Traduction : « Afin que tes serviteurs puissent chanter, avec des voix libérées, le caractère admirable de tes actions, ôte, Saint Jean, le péché de leurs lèvres souillées. »

Made in England

Les bas	1550
La chasse d'eau	1778
La boîte de conserve	1810
La tondeuse à gazon	1831
Le timbre-poste	1840
Le trench coat	1856
La fraise du dentiste	1864
Le préservatif	1870
Le shampoing	1880
L'aspirateur	1901
La pénicilline	1928
La minijupe	1964
Le bébé éprouvette	1978
La vache folle	1985

(Inventions anglaises.)

Drôles de genre

Ils sont masculins : Acrostiche /// agrume /// alvéole /// ambre /// amiante /// antidote /// antipode /// aphte /// apogée /// appendice /// après-midi /// armistice /// astérisque /// augure /// auspice /// autographe /// campanile /// colchique /// effluve /// emblême /// esclandre /// haltère /// hémisphère /// jute /// obélisque /// opprobre /// ovule /// pétale /// planisphère /// tentacule /// viscère

Ils sont féminins : Aérogare /// alcôve /// algèbre /// amibe /// anagramme /// antichambre /// apostrophe /// autoroute /// azalée /// caténaire /// ébène /// ecchymose /// échappatoire /// échauffourée /// enzyme /// épitaphe /// épithète /// espèce /// interview /// oasis /// obsèques /// omoplate /// oriflamme /// primeur /// stalactite /// stalagmite /// volte-face /// volute

Mais où est donc Ornicar ?

- Je me souviens que je n'aperçois qu'un P à *apercevoir*.
- Je me souviens que je n'attrape qu'un P à *attraper*.
- Je dois me souvenir de *rappeler* pépé chez lui (2 P 1L).
- Je me souviens qu'on ne meurt qu'une fois, mais qu'on se nourrit plusieurs fois (*Mourir* à 1 R, *nourrir* 2 R).
- Je me souviens que le chapeau de *la cime* est tombé dans *l'abîme*.
- Je me souviens que le chapeau du *boiteux* est tombé dans *la boîte*.
- On met un chapeau sur la *tête*, un couvercle sur la *boîte*, un toit sur le *château*, sur *l'hôtel*, sur *l'hôpital*, mais celui du *chalet* a été emporté par *l'avalanche*, et celui de *l'égout* est tombé dans *le ragoût*.
- Je sais que Vibujor, c'est le classement des couleurs décomposées des couleurs primaires (*bleu, jaune et rouge*) de la lumière blanche (*Violet Indigo, Bleu, Vert, Jaune, Orange, Rouge*).

(Quelques trucs mnémotechniques.)

À combien ils titrent ?

- LA BIBLE : 3,88 milliards d'exemplaires
- LE PETIT LIVRE ROUGE : 800 millions
- BARBARA CARTLAND : 650 millions
- GEORGES SIMENON : 600 millions
- J. K. ROWLING, *Harry Potter* : 280 millions
- AGATHA CHRISTIE : 220 millions
- FRÉDÉRIC DARD : 200 millions
- Catalogue IKEA : 174 millions
- GUINNESS BOOK DES RECORDS : 90 millions
- DAN BROWN : 40 millions
- MARGARET MITCHELL, *Autant en emporte le vent* : 30 millions

Le petit suisse

Je péclotte>>>>>>>>>>>>>>>>>>>>>>>>je ne vais pas très bien
Une cuissette>>>>>>>>>>>>>>>>>>>>>>>une culotte de sport
Une panosse>>>>>>>>>>>>>>>>>>>>>>>>>>une serpillière
Relaver>>>>>>>>>>>>>>>>>>>>>>>>>>>>>>faire la vaisselle
Poutser>>>>>>>>>>>>>>>>>>>>>>>>>>>>>>>faire le ménage
Se mettre à la chotte>>>>>>>>>>>>>>>> se mettre à l'abri
Un foehn>>>>>>>>>>>>>>>>>>>>>>>>>>>>>un sèche-cheveux
Le cheni>>>>>>>>>>>>>>>>>>>>>>>>>>>>>>>>>le désordre
Le livret>>>>>>>>>>>>>>>>>>>>>>>>la table de multiplication
Huitante>>>>>>>>>>>>>>>>>>>>>>>>>>>>>>>>>>quatre-vingts
Une verge>>>>>>>>>>>>>>>>>>>>>>>>>>>>>>>une baguette

(Un peu de vocabulaire suisse-romand.)

Et patati et patata

Le chinois (mandarin) :
1 080 000 000 d'individus parlent cette langue
L'espagnol : 322 000 000
L'hindi : 370 000 000
L'anglais : 309 000 000
Le portugais : 206 000 000
Le bengali : 206 000 000
Le russe : 170 000 000
Le français : 125 000 000
Le japonais : 122 000 000
L'allemand : 95 000 000
Le wu chinois : 87 000 000
Le javanais : 76 000 000
Le telougou : 70 000 000
Le marâthî : 68 000 000
Le vietnamien : 67 000 000
Le coréen : 67 000 000

Heureux habitants de...

CAHORS ◆ Cadurciens
CHANTILLY ◆ Cantiliens
CHARLEVILLE-MÉZIÈRES ◆ Carolomacériens
CHÂTEAU-THIERRY ◆ Casteltheodoriciens
CROCQ ◆ Croquants
CASTELNAUDARY ◆ Chauriens
EAUZE ◆ Élusates
ÉPERNON ◆ Sparnoniens
ERQUY ◆ Rhoeginéens
ÉTABLES-SUR-MER ◆ Etaplois
GAGNY ◆ Gabiniens
JOUÉ-LÈS-TOURS ◆ Jocondiens
L'AIGLE ◆ Aiglons
LA LOUPE ◆ Loupéens
LE PLESSIS-ROBINSON ◆ Robinsonais
LURE ◆ Lurons
MONTÉLIMAR ◆ Montiliens
NEUILLY-SUR-MARNE ◆ Nocéens
PONT-BELLANGER ◆ Tousloins
SAINT-ANDRÉ-LES-VERGERS ◆ Dryats
SAINT-DENIS ◆ Dyonisiens
SAINT-HIPPOLYTE-DU-FORT ◆ Cigalois
SAINT-DIZIER ◆ Bragards
SAINT-OMER ◆ Audomarois
SAINT-PIERRE-DES-CORPS ◆ Corpopétrussiens
TIGNES ◆ Tignards
TARTAS ◆ Tarusates
UZÈS ◆ Uzétiens
VILLE-D'AVRAY ◆ Dagovéraniens
VILLEDIEU-LES-POÊLES ◆ Sourdins
VILLEFRANCHE-SUR-SAÔNE ◆ Caladois

Sonnez les matines

5 h 30 >>>>>>>>>>
Vigiles
<<<<<<<<<< **7 h 30**
Laudes
10 h >>>>>>>>>>>
Messe
<<<<<<<<<<<
13 h
Sexte
13 h 50 >>>>>>>>>
None
<<<<<<<<<<<
17 h
Vêpres
20 h 30 >>>>>>>>>
Complies

(Horaires des prières et offices à l'Abbaye bénédictine de Solesmes.)

Quand il est midi à Londres, il est :

7 h au Pérou	**00 h aux** îles Fidji
16 h 30 en Afghanistan	**20 h à** Hong Kong
12 h au Burkina Faso	**14 h en** Israël
15 h aux Comores	**16 h à** Oman
6 h au Salvador	**17 h au** Turkménistan
8 h aux îles Falkland	**13 h à** Nogent le Rotrou.

Sots métiers

ANIMATEUR = agent d'ambiance

ASSISTANT DE LANGUE ÉTRANGÈRE = locuteur natif

BERGER = chef d'exploitation d'élevage de bétail sur sol

BOUCHER = préparateur en produits carnés

BOULANGER = employé en terminal de cuisson

CAISSIÈRE = hôtesse de caisse

CHERCHEUR D'OR = ouvrier de l'extraction solide

COURSIER = distributeur messagerie

CROUPIER = chef de boule

CUISINIER = chef grilladin

ÉBOUEUR = agent de traitement des déchets urbains

EMPLOYÉ DE LIBRE-SERVICE = gondolier

EMPLOYÉ DE TÉLÉSIÈGE = agent de remontée filo-guidée

LIVREUR = accompagnateur de paquets

MARÉCHAL-FERRANT = métallier artisanal équestre

POMPISTE = animateur de piste

RAMONEUR = intervenant en genre climatique

SERVEUSE = hôtesse de table

TAPISSIER = façonneur d'ouvrages d'art en fils

TRAPPEUR = collecteur d'espèces sauvages

VITRIER = poseur de fermetures menuisées

(Répertoire Opérationnel des Métiers et des Emplois, ANPE, 1997.)

Mon père ce héros

Le père d'**HONORÉ DE BALZAC** était directeur d'hôpital.

Celui de **GUSTAVE FLAUBERT**, chirurgien.

PIERRE-AUGUSTIN BEAUMARCHAIS, horloger.

CHARLES BAUDELAIRE, général.

ALBERT CAMUS, ouvrier agricole.

ANTON TCHEKHOV, épicier.

DANIEL DEFOE, boucher.

FEDOR DOSTOÏEVSKI, médecin.

PAUL ÉLUARD, comptable.

DIDIER ÉRASME, prêtre.

JEAN GIRAUDOUX, conducteur des Ponts et Chaussées.

MARCEL JOUHANDEAU, boucher.

MARQUIS DE SADE, soldat.

SAMUEL BECKETT, entrepreneur.

PROSPER MÉRIMÉE, peintre.

MOLIÈRE, marchand tapissier.

STENDHAL, avocat.

WILLIAM SHAKESPEARE, fabricant de gants.

JEAN-JACQUES ROUSSEAU, horloger.

MARCEL PROUST, médecin.

ARTHUR RIMBAUD, capitaine.

ÉMILE ZOLA, ingénieur.

J.D. SALINGER, importateur de fromages.

HERMANN HESSE, missionnaire.

Derniers soupirs

Avalanche : « la Wally » | Catalani
Arbre Vénéneux : « Selika l'Africaine » | Meyerbeer
Brûlée sur le bûcher : Rachel, « La Juive » | Halévy
Tuée par un braconnier : la « Petite renarde rusée » | Janacek
Empoisonnée par du thé eventé : « La Fedora » | Giordano
Empoisonnée au datura : « La Lakmé » | Delibes
Empoisonnée à la citronnade : « La Luisa Miller » | Verdi
Fusillé : le Mario de « Tosca » | Puccini
Suicidé : le « Werther » | Massenet
Pétrifié : l'empereur de « La Femme sans ombre » | Strauss
Emporté aux enfers : le « Don Juan » | Mozart
Guillotinées : les religieuses du couvent du « Dialogue des carmélites » | Poulenc

(12 façons de mourir à l'opéra.)

Mets d'or

=
Le plat de Médor = Consommé de bœuf -Toasts-Légumes
= =
Le régal de Sweckey = Carottes-Viande hachée
= =
La Gâterie « Normandie » = Haricots verts-Poulet haché-Riz nature arrosé de jus de viande
= =
Danish Dog's Delight = Os de côte de bœuf, de jambon et de veau
=

(Menu pour chiens à bord du Normandie,
New York-Le Havre, 1936.)

Formations professionnelles

Les Beatles : George Harrison, John Lennon, Paul McCartney, Ringo Starr.

Les Doors : John Densmore, Robby Krieger, Ray Manzarek, Jim Morrison.

Les Rolling Stones : Mick Jagger, Brian Jones, Keith Richards, Charlie Watts, Bill Wyman.

Les Supremes : Florence Ballard, Diana Ross, Mary Wilson.

Les Temptations : Eldridge Bryant, Melvin Franklin, Eddie Kendricks, Otis Williams, Paul Williams.

Les Who : Roger Daltrey, John Entwistle, Keith Moon, Pete Townshend.

Les Monty Python : Graham Chapman, John Cleese, Terry Gilliam, Eric Idle, Terry Jones, Michael Palin.

Les Platters : Tony William, David Lynch, Paul Robi, Herb Reed, Alex Lodge, Zola Taylor.

Les compagnons de la chanson : Guy Bourguignon, Jean Broussole, Jean-Pierre Calvet, Michel Cassez, Jo Frachon, Jean-Louis Jaubert, Hubert Lancelot, Fred et René Mella, Jean Albert, Marc Herriand, Gérard Sabat.

Les frères Jacques : André et Georges Bellec, François Soubeyran, Paul Tourenne.

Contre les canards laquais

« Un journaliste, digne de ce nom, prend la responsabilité de tous ses écrits, même anonymes ; il tient la calomnie, les accusations sans preuves, l'altération des documents, la déformation des faits, le mensonge pour les plus graves fautes professionnelles ; ne reconnaît que la juridiction de ses pairs, souveraine en matière d'honneur professionnel ; n'accepte que des missions compatibles avec la dignité professionnelle ; s'interdit d'invoquer un titre ou une qualité imaginaires, d'user de moyens déloyaux pour obtenir une information ou surprendre la bonne foi de quiconque ; ne touche pas d'argent dans un service public ou une entreprise privée où sa qualité de journaliste, ses influences, ses relations seraient susceptibles d'être exploitées ; ne signe pas de son nom des articles de réclame commerciale ou financière ; ne commet aucun plagiat, cite ses confrères dont il reproduit un texte quelconque ; ne sollicite pas la place d'un confrère ni ne provoque son renvoi en offrant de travailler à des conditions inférieures ; garde le secret professionnel ; n'use pas de la liberté de presse dans une intention intéressée ; revendique la liberté de publier honnêtement ses informations ; tient le scrupule et le souci de la justice pour des règles premières ; ne confond pas son rôle avec celui du policier. »

(Charte du journaliste adoptée en 1918 par le syndicat des journalistes, revue et complétée en 1938.)

Rendez-vous un 29 Février

VENDREDI en 2008
MERCREDI en 2012
LUNDI en 2016
SAMEDI en 2020
JEUDI en 2024
MARDI en 2028
DIMANCHE en 2032
VENDREDI en 2036
MERCREDI en 2040
LUNDI en 2044
SAMEDI en 2048
JEUDI en 2052

Les « animots » de la Fontaine

//
1 ///Huître///perdrix///pie///hibou///escargot///belette///lapin///cigale///fourmi///gazelle///araignée///alouette///éléphant///héron///couleuvre///chatte///faucon///chameau///dragon///écrevisse///paon///tortue///éléphant///hirondelle.
2 ///Perroquets///mouches///corbeaux///chauves-souris, chèvres///coqs.
3 ///Rats///ours///grenouilles///chevaux///cochons///cerfs.
4 ///Aigles///chevaux///souris///lièvres.
6 ///Singes///chats///renards.
8 ///Ânes///chiens.
14 ///Lions.
18 ///Loups.
//

(Animaux recensés dans les Fables *de La Fontaine.)*

Treize à table

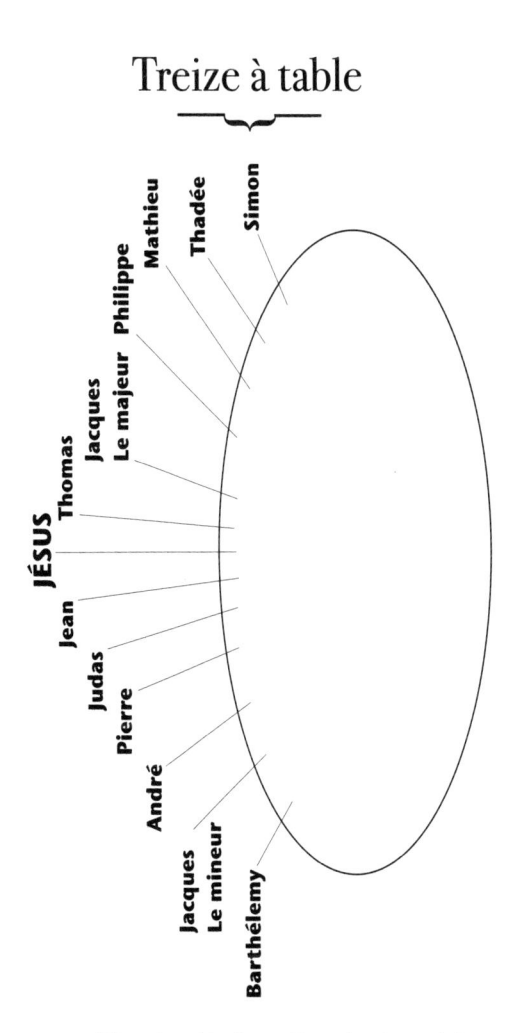

Plan de table de **La Cène** *de Léonard de Vinci.*

Mais que fait la police ?

1 - J'écris en Times new roman.
2 - J'écris en Monaco.
3 - J'écris en Bononi.
4 - J'écris en Big Caslon.
5 - J'ÉCRIS EN COPPERPLATE.
6 - J'écris en Geneva.
7 - J'écris en Impact.
8 - *J'écris en Plantin Italic.*
9 - J'écris en Univers.
10 - J'écris en Stone Sans.
11 - J'écris en Snelle Roundhand.
12 - J'écris en Skia.
13 - J'ÉCRIS EN PRINCETOWN LET.
14 - J'écris en Palatino.
15 - J'écris en Courrier.
16 - J'écris en Jazz LET.
17 - J'écris en Krungthep.
18 - J'écris en Baskerville.
19 - J'écris en Din Regular.
20 - J'écris en Gill Sans.
21 - J'écris en Lucida Grande.

Prenons nos distances

Berlin < ———————— > Bombay : 6 315 km

Tokyo < ———————— > Le Caire : 9 608 km

Luchon < ———————— > Limoges : 441 km

Sydney < ———————— > Neuilly-sur-Seine : 16 802 km

Londres < ———————— > Honolulu : 11 712 km

Calcutta < ———————— > Buenos Aires : 16 340 km

Le Cap < ———————— > Hong Kong : 11 685 km

Venise < ———————— > Le Havre : 1 894 km

Paris < ———————— > Marseille : 809 km

Rome < ———————— > Strasbourg : 1 192 km

Rio de Janeiro < ———————— > Moscou : 11 312 km

New York < ———————— > Lisbonne : 5 392 km

Bratislava < ———————— > Budapest : 165 km

Vichy < ———————— > Dijon : 220 km

Sous réserve d'inventaire

- 365 pièces,
- 3 150 meubles,
- 245 tableaux,
- 340 pendules,
- 351 draps,
- 1 000 serviettes de toilettes,
- 90 nappes brodées,
- 5 315 pièces de porcelaine de Sèvres,
- 6 000 verres ou carafes en cristal,
- 10 130 couverts en argent,
- 1 téléphone rouge,
- 1 abri atomique.

(Palais de l'Élysée, 55 rue du faubourg Saint-Honoré, 75008 Paris.)

L'Outre-mer patrie

LES DOM >>>>>>>>>>>>>>>>>>>>>>>>>>>>>>>>>>>>>
Guadeloupe >>>>>>>>>>>>>>>>>>>>>>>>>>>>>>>>>>>>>
Guyane >>>
Martinique >>>>>>>>>>>>>>>>>>>>>>>>>>>>>>>>>>>>>
Réunion <<<<<<<<<<<<<<<<<<<<<<<<<<<<<<<<<<<<

LES TOM >>>>>>>>>>>>>>>>>>>>>>>>>>>>>>>>>>>>>
Nouvelle-Calédonie >>>>>>>>>>>>>>>>>>>>>>>>>>>>>>
Wallis-et-Futuna >>>>>>>>>>>>>>>>>>>>>>>>>>>>>>>>
Polynésie française >>>>>>>>>>>>>>>>>>>>>>>>>>>>>
Terres australes et antarctiques françaises <<<<<<<<<<<

LES COLLECTIVITES TERRITORIALES >>>>>>>>>>>>>>>>
Mayotte >>>
Saint-Pierre-et-Miquelon <<<<<<<<<<<<<<<<<<<<<<<<<<

Tables et toiles à Paris

Irma la Douce (1963)
a été tourné en partie au restaurant **L'Escargot Montorgueil**

Le Corniaud (1964)
chez **Drouant**

Le Grand Restaurant (1966)
chez **Ledoyen**

Les Aventures de Rabbi Jacob (1973)
aux **Deux-Magots** et au **Flore**

La Banquière (1980)
chez **Prunier**

Inspecteur La Bavure (1980)
au **Fouquet's**

La Discrète (1990)
au **Café de la Mairie**, place Saint-Sulpice

Nikita (1990)
au **Train bleu**, Gare de Lyon

Tout le monde dit I love you (1996)
au **Ritz**

La Dilettante (1999)
au **Bœuf couronné**

Le Fabuleux destin d'Amélie Poulain (2001)
aux **Deux Moulins**, à Montmartre

Un long dimanche de fiançailles (2004)
chez **Chartier**

Ce n'est pas la mer à boire

- 1967 > **Torrey-Canyon** 121 000 tonnes
- 1972 > **Texanica et Oswego-Guardian** 100 000 tonnes
- 1976 > **Olympic Bravery** 1 200 tonnes
- 1976 > **Urquiola** 100 000 tonnes
- 1976 > **Boehlen** 7 000 tonnes
- 1978 > **Amoco-Cadiz** 227 000 tonnes
- 1980 > **Tanio** 6 000 tonnes
- 1989 > **Exxon Valdez** 40 000 tonnes
- 1991 > **Haven** 133 000 tonnes
- 1992 > **Aegean Sea** 79 000 tonnes
- 1996 > **Sea-Empress** 79 000 tonnes
- 1999 > **Erika** 31 000 tonnes
- 2002 > **Prestige** 77 000 tonnes

(Marées noires tristement célèbres.)

Jeux interdits

Boxe française / Canot à moteur / Courses de traîneaux à chiens / Cricket / Croquet / Football américain / Golf / Gymnastique suédoise / Lacrosse / Patrouilles militaires / Paume / Pentathlon d'hiver / Polo à cheval / Racket / Roque / Rugby / Skijorring / Tir à la corde / Vol à voile

(Disciplines retirées des J.O. au cours du XXe siècle.)

Attention ! Croisements

Âne + jument = **mulet**

Âne + zèbre = **donzèbre**

Bélier + chèvre = **musmon**

Bouc + brebis = **ovicapre**

Chameau + dromadaire = **turkoman**

Cheval + ânesse = **bardot**

Cheval + zèbre = **zébrule**

Dromadaire + lama = **cama**

Faisan + poule = **cocquard**

Gibbon + siamang = **siabon**

Jaguar + léopard = **jaguapard**

Lièvre + lapin = **léoporide**

Lion + panthère = **léopon**

Lion + tigresse = **ligron**

Loup + chienne = **crocotte**

Mouton + chèvre = **chabin**

Sanglier + truie = **sanglochon**

Serin + chardonneret = **mulet**

Tigre + lionne = **tigron**

Vache + bison = **cattalo**

Zébu + yack = **zopiok**

Les médaillés d'argent

En 1890, Frédéric, le maître d'hôtel du célèbre restaurant La Tour d'Argent, à Paris, imagine un rituel qui deviendra célèbre, le « canard au sang ». À compter de ce jour, les canards seront numérotés. Le canard **n°328** est attribué au *prince de Galles*, futur Edouard VII, le **n°6 043** au grand duc *Vladimir de Russie*, le **n°40 362** à *Franklin Roosevelt*, le **n°185 397** à la princesse *Elisabeth d'Angleterre*, en 1949, c'est au tour du canard **n°200 000** de passer à la casserole. Et en 1961, celui du canard **n°300 000**. En 1976, le canard **n°500 000** est relâché. Et le 29 avril 2003, le canard **n°1 000 000** est décapité.

Hugh !

SITTING BULL (1834-1890)

COCHISE (1812-1874)

PIZI GALL (1840-1894)

CRAZY HORSE (1841-1877)

RED CLOUD (1822-1909)

LITTLE WOLF (1820-1904)

SETANGAY (1810-1871)

DULL KNIFE (1810-1833)

AMERICAN HORSE (1840-1908)

WOVOKA (1858-1932)

(Dix grands chefs Indiens du XIXe siècle.)

Une belle portée...

- 01 ››› Catharina Dorothea
- 02 ››› Wilhelm Friedmann
- 03 ››› Johann Christoph
- 04 ››› Maria Sophia
- 05 ››› Carl Philipp Emmanuel
- 06 ››› Johann Gottfried Bernhard
- 07 ››› Leopold August
- 08 ››› Christiana Sophia Henrietta
- 09 ››› Gottfried Heinrich
- 10 ››› Christian Gottlieb
- 11 ››› Elisabeth Juliana Friederica
- 12 ››› Ernestus Andreas
- 13 ››› Regina Johanna
- 14 ››› Christiana Benedicta
- 15 ››› Christiana Dorothea
- 16 ››› Johann Christoph Friedrich
- 17 ››› Johann August Abraham
- 18 ››› Johann Christian
- 19 ››› Johanna Carolina
- 20 ››› Regina Susanna

(Les vingt enfants de Jean-Sébastien Bach.)

Des assistants z'ailés

.1. Séraphins
.2. Chérubins
.3. Trônes
.4. Dominations
.5. Puissances
.6. Vertus
.7. Principautés
.8. Archanges
.9. Anges

(La hiérarchie chez les anges.)

Personnages en quête d'auteurs

Guillaume le Conquérant

Joséphine de Beauharnais

Le pape Clément VIII

Léonard de Vinci

Marilyn Monroe

Richard Wagner

Sarah Bernhardt

Evita Peron

Eugène Delacroix

(Enfants illégitimes.)

La valeur n'attend pas...

À 1 an /// Le **bébé Cadum** pose pour la postérité.
À 4 ans /// **Shirley Temple** entre au hit-parade.
À 5 ans /// **Louis XIV** devient roi.
À 6 ans /// **Roberto Benzi** dirige son premier orchestre.
À 8 ans /// **Minou Drouet** publie ses poèmes.
À 9 ans /// **J. L. Borges** traduit Oscar Wilde en espagnol.
À 10 ans /// **Goethe** écrit une histoire en 7 langues.
À 11 ans /// **Blaise Pascal** écrit un traité
             sur la propagation des sons.
À 11 ans /// **Anaïs Nin** commence son journal.
À 12 ans /// **Mozart** écrit deux opéras et une messe.
À 13 ans /// **Jeanne d'Arc** entend des voix.
À 14 ans /// **Bernadette Soubirous** a des apparitions.
À 14 ans /// **Victor Hugo** écrit une pièce de théâtre.
À 15 ans /// **Œdipe** tue son père et couche avec sa mère.
À 20 ans /// **Raymond Radiguet** écrit *le Diable au corps*.
À 24 ans /// **Michel-Ange** sculpte une Piéta.
À 29 ans /// **Jacques Chaban-Delmas** devient général.
À 30 ans /// **Alexandre le Grand** finit de conquérir
             le monde.
À 31 ans /// **Bernard Hinault** remporte
             pour la cinquième fois le tour de France.
À 32 ans /// **Jésus** change l'eau en vin.
À 35 ans /// **Napoléon** se fait sacrer empereur.
À 39 ans /// **Landru** assassine sa huitième femme.
À 41 ans /// **Coluche** crée les « Restos du cœur ».
À 49 ans /// **Le général de Gaulle** lance l'appel du 18 juin.

Partir en fumée

///**ACÉTALDÉHYDE** / Liquide inflammable

///**ACÉTONE** / Solvant

///**ACÉTONITRILE** / Solvant

///**ACIDE FORMIQUE** / Sert dans la fabrication des tissus

///**ACROLÉINE** / Liquide toxique

///**AMMONIAC** / Explosif

///**ARSENIC** / Poison violent

///**CADMIUM** / Batteries

///**CHLORURE DE MÉTHYLE** / Solvant à peintures

///**CHLORURE DE VINYLE** / Matière plastique

///**CYANURE D'HYDROGÈNE** / Poison pour les condamnés à mort

///**FORMOL** / Gaz irritant

///**MÉTHANOL** / Carburant, antigel

///**MONOXYDE DE CARBONE** / Gaz d'échappement

///**NAPHTALINE** / Antimite

///**OXYDE NITREUX** / Gaz irritant le smog

///**PHÉNOL** / Acide dangereux

///**POLONIUM** / Élément radioactif

///**PROPIONALDÉHYDE** / Désinfectant

///**PYRIDINE** / Insecticide

///**SULFITE D'HYDROGÈNE** / Gaz toxique

///**TOLUÈNE** / Solvant industriel
(Quelques-unes des 4 000 substances chimiques dégagées par une cigarette allumée.)

Mortelles randonnées

Isadora Duncan : 26 avril 1914
Bugatti Type 37
Moteur : 4 cylindres en ligne
Cylindrée : 1 496,1 cm³

Albert Camus : 4 janvier 1960
Facel-Véga type HK 500
Moteur : 8 cylindres en V
Cylindrée : 5 907 cm³
Puissance : 360 CV
Transmission : boîte à 4 vitesses

Jean Bruce (alias OSS117) : 26 mars 1963
Jaguar mark 2
Moteur : 6 cylindres en ligne
Cylindrée : 3 442 cm³
Puissance : 213 CV SAE

John Fitzgerald Kennedy, Dallas : 22 novembre 1963
Lincoln Continental
Moteur : 8 cylindres en V
Cylindrée : 7 045 cm³
Puissance : 304 CV
Transmission : automatique 3 rapports

Reine Astrid de Belgique : 29 août 1935
Packard type 1932
Moteur : 12 cylindres en V
Cylindrée : 7 292 cm³
Puissance : 42 CV
Transmission : boîte à 3 vitesses

James Dean : 30 septembre 1955
Porsche type Spider 1 500 RS
Moteur : 4 cylindres à plat
Cylindrée : 1 498 cm³
Puissance : 110 CV
Transmission : boîte à 4 vitesses

Dernier domicile connu

Albert Camus Lourmarin
Alphonse de Lamartine
Saint-Point
André Gide
Château de Cuverville
Aristide Briand Chambray

Bourvil Montainville

Charlie Chaplin
Corsier-sur-Vevey
Claude Monet Giverny
Colette
Père-Lachaise, Paris

Edgar Degas
Cimetière Montmartre, Paris

**François René
de Chateaubriand**
Îlot du grand-Bé

George Sand Nohant
Georges Braque
Varengeville-sur-mer
Gustave Courbet Ornans

Héloïse et Abélard
Père-Lachaise, Paris
Henri de Toulouse-Lautrec
Verdelais
Henri Poincaré
Cimetière du Montparnasse, Paris

Isaac Newton
Abbaye de Westminster

Jacques Prévert
Omonville-la-Petite
Jean Bart Dunkerque
Jean Cocteau
Milly-la-Forêt
Jean Genet
Larache, Maroc
John Fitzgerald Kennedy
Arlington national Cemetery

Louis Aragon et Elsa Triolet
Saint-Arnoult-en-Yvelines

Marilyn Monroe
Westwood Memorial Park, Los Angeles
Molière
Père-Lachaise, Paris

Nijinski,
Cimetière Montmartre, Paris

Pablo Picasso
Vauvenargues
Pierre de Ronsard
La Riche

Sarah Bernhardt
Père-Lachaise, Paris

Vincent Van Gogh
Auvers-sur-Oise

Beethoven fait ses numéros

- Sonate N° 8 .... *La Pathétique*
- Sonate N° 14 .... *Au Clair de lune*
- Sonate N° 15 .... *La Pastorale*
- Sonate N° 17 .... *La Tempête*
- Sonate N° 21 .... *Waldstein*
- Sonate N° 23 .... *L'Appassionata*
- Sonate N° 24 .... *À Thérèse*
- Sonate N° 26 .... *Les Adieux*
- Sonate N° 29 .... *Hammerklavier*

On vous mène en bateau

Bagdad ⚓ **le Tigre**
Hong Kong ⚓ **la Pearl**
Calcutta ⚓ **la Hooghly**
Belgrade ⚓ **le Danube**
Zagreb ⚓ **la Save**
Dehli ⚓ **la Yamuna**
Berlin ⚓ **la Spree**
Jakarta ⚓ **la Liwung**
Bruxelles ⚓ **la Senne**
Damas ⚓ **le Barada**
Varsovie ⚓ **la Vistule**
Dublin ⚓ **la Liffey**

Madrid ⚓ **la Manzanares**
Paris ⚓ **la Seine**
Prague ⚓ **la Moldau**
Rome ⚓ **le Tibre**
Santiago ⚓ **le Mapocho**
Séoul ⚓ **le Han**
Shanghai ⚓ **le Huangpu**
Tokyo ⚓ **la Sumida**
Zurich ⚓ **la Limmat**
Bangkok ⚓ **le Menam
Chao Phraya**

Je vous le donne en miles

xxxxxxxxxxxxxxxxxxxxxxxxxxxxxxxxxxx
Pour convertir
les km/h en miles,
multiplier par 1.609 xxxxxxxxxxxxxxxxxxxxxx
les miles en km/h,
multiplier par 0.621 xxxxxxxxxxxxxxxxxxxxxx
les inches en centimètres,
multiplier par 2.54 xxxxxxxxxxxxxxxxxxxxxxx
les centimètres en inches,
multiplier par 0.394 xxxxxxxxxxxxxxxxxxxxxx
xxxxxxxxxxxxxxxxxxxxxxxxxxxxxxxxxxx
1km/h = 0,28 mètre/s = 0,54 nœud = 0,621 mile/h = 0,912 pied/sec
1 mile/h = 1,6093 km/h = 0,45 mètre/s = 0,87 nœud/h = 1,47 pied/sec
xxxxxxxxxxxxxxxxxxxxxxxxxxxxxxxxxxx

Les langues ont du caractère

Chinois :
45 000 idéogrammes
Japonais :
18 000 idéogrammes
Khmer : 74 caractères
Sanskrit : 48
Cyrillique : 33
Persan : 32
Turc : 29

Espagnol : 29
Arabe : 28
Allemand : 27
Anglais : 26
Français : 26
Grec : 24
Hébreux : 22
Latin, première époque : 21
Hawaïen : 12

(Nombres de caractères ou d'idéogrammes dans différentes langues.)

Mariés ? Nous ? Jamais !

Benny Hill

Coco Chanel

Edgar Degas

Emmanuel Kant

Frédéric Chopin

Friedrich Nietzsche

George Gershwin

Giacomo Casanova

Greta Garbo

Henri de Toulouse-Lautrec

Isaac Newton

Jean-Paul Sartre

Johannes Brahms

Ludwig Van Beethoven

Patricia Highsmith

René Descartes

Voltaire

Acteurs-compositeurs

BEETHOVEN >>> Gary Oldman >>> 1994

EDVARD GRIEG >>> Toralv Maurstad >>> 1970

FRANZ LISZT >>> Roger Daltrey >>> 1975

FRANZ LISZT >>> Dirk Bogarde >>> 1960

FRANZ SCHUBERT >>> Alan Curtis >>> 1941

FRÉDÉRIC CHOPIN >>> Cornel Wilde >>> 1945

GEORGE FRIEDRICH HAENDEL >>> Wilfrid Lawson >>> 1942

GEORGE GERSHWIN >>> Robert Alda >>> 1945

GUSTAV MAHLER >>> Robert Powell >>> 1974

JOHANN STRAUSS >>> Fernand Gravey >>> 1938

JOHANN STRAUSS >>> Horst Bucholz >>> 1972

PIOTR TCHAÏKOVSKI >>> Richard Chamberlain >>> 1971

RICHARD WAGNER >>> Alan Badel >>> 1956

RICHARD WAGNER >>> Richard Burton >>> 1983

NICOLAÏ RIMSKY-KORSAKOV >>> Jean-Pierre Aumont >>> 1947

WOLFGANG AMADEUS MOZART >>> Tom Hulce >>> 1984

(Ils ont joué le rôle de ces compositeurs.)

Il y a du monde au plafond

///
///
/////**Adam**//
Aman /////
/////**Asa et ses parents**//////////////////////////
Daniel /////
/////**David**//
Ève /////
/////**Ezéchias et ses parents**//////////////////////
Ézéchiel /////
/////**Goliath** //////////////////////////////////////
Holopherne /////
/////**Isaïe**//
Jérémie /////
/////**Jéroboam et sa mère** //////////////////////////
Jézabel et ses parents /////
/////**Joël**///
Jonas /////
/////**Josias et ses parents** ////////////////////////
Josué et ses parents /////
/////**Judith**///
Les parents de Jessé /////
/////**Moïse**//
Noé /////
/////**Salomon et sa mère**////////////////////////////
Sibylle de Cumes /////
/////**Sibylle de Delphes**////////////////////////////
Sibylle de Perse /////
/////**Sibylle Erythréenne** //////////////////////////
Sibylle Libyenne /////
/////**Zacharie** /////////////////////////////////////
///
///
///

(Personnages représentés sur la voûte de la Chapelle Sixtine.)

Des chiffres et des lettres

E : 1 776
S : 823
A : 768
N : 761
T : 730
I : 723
R : 681
U : 605
L : 589
O : 534
D : 360
C : 332
P : 324

M : 272
Q : 134
V : 127
G : 110
F : 106
B : 80
H : 64
X : 54
Y : 21
J : 19
Z : 7
K : 0
W : 0

(Fréquence d'utilisation des lettres de l'alphabet. Étude réalisée sur 10 000 mots.)

Les jolies colonies de pintades

- Une **compagnie** de perdreaux
- Une **bande** de rats
- Un **troupeau** de vaches
- Une **meute** de chiens
- Une **horde** de loups
- Une **manade** de taureaux
- Un **essaim** d'abeilles
- Un **harpail** de biches
- Une **volée** d'oiseaux
- Une **harde** de sangliers
- Un **banc** de poissons

Et à la contrebasse... ce soir

Au piano	DUKE ELLINGTON
Au piano	SCOTT JOPLIN
Au piano	DAVE BRUBECK
Au piano	NAT KING COLE
Au piano	ART TATUM
Au piano	COUNT BASIE
Au piano	ERROLL GARNER
Au piano	LIONEL HAMPTON
À la trompette	LOUIS ARMSTRONG
À la trompette	DIZZY GILLESPIE
À la trompette	QUINCY JONES
À la clarinette	BENNY GOODMAN
À la clarinette	ARTIE SHAW
À la clarinette	SIDNEY BECHET
À la batterie	ART BLAKEY
À la batterie	ZUTTY SINGLETON
À la guitare	CHARLIE BYRD
Au trombone	GLENN MILLER
Au saxophone	KENNY GARRET
Au saxobaryton	GERRY MULLIGAN
Au saxophone alto	LEE KONITZ
Au saxophone alto	CHARLIE PARKER
Au saxophone ténor	SONNY ROLLINS
Au saxophone ténor	COLEMAN HAWKINS
Au saxophone soprano	JOHN COLTRANE
À la contrebasse	CHARLIE MINGUS

Ryan, Manon, Pablo et les autres

GRANDE BRETAGNE
/ Emma
/ Cecilia
/ Lucie
/ Lennie
/ Adam
/ Ryan
/ Steven

ITALIE
/ Alix
/ Chiara
/ Flavie
/ Paola
/ César
/ Ennio
/ Gabin

FRANCE
/ Emma
/ Manon
/ Clara
/ Camille
/ Jade
/ Enzo
/ Luc

ESPAGNE
/ Alanis
/ Julia
/ Lora
/ Luna
/ Adrian
/ Andres
/ Lorent

ALLEMAGNE
/ Annett
/ Anouk
/ Candice
/ Ilona
/ Axel
/ Edwin
/ Johannes

IRLANDE
/ Alyson
/ Fiona
/ Guennola
/ Maureen
/ Evan
/ Lennon
/ Erin

(Top des prénoms européens en 2006.)

Jeanine, Colette, Éric et les autres

///**1940** ///Monique / Nicole / Jacqueline / Françoise / Christiane / Jeanine / Colette / Jean / Jacques / Michel / Claude / André / Pierre / Bernard / Gérard / Daniel / René ///**1950** ///Martine / Françoise / Monique / Nicole / Chantal / Annie / Christian / Jean / Michel / Alain / Bernard / Gérard / Daniel ///**1960** ///Catherine / Sylvie / Christine / Brigitte / Martine / Marie / Patricia / Philippe / Patrick / Pascal / Jean / Alain / Michel / Éric ///**1970** ///Nathalie / Valérie / Sandrine / Isabelle / Sylvie / Sophie / Christophe / Stéphane / Laurent / David / Olivier / Frédéric /

(Top des prénoms français 1940-1970.)

Sous papes de sûreté

.1. Être suisse.
.2. Être de confession catholique.
.3. Ne pas être barbu ni moustachu.
.4. Avoir entre 19 et 30 ans.
.5. Mesurer plus de 1,74 m.
.6. Être célibataire.
.7. Détenir un diplôme de maturité.
.8. Avoir fait l'école de recrue en Suisse.

(Conditions exigées pour devenir Garde suisse.)

« Fashion » victimes

Casque en Kelvar = pour résister aux projectiles de 9 mm.

Protège-épaules = constitué de cinq coques articulées.

Gilet = fait de plaques de plastique reposant sur de la mousse alvéolaire.

Tonfa = matraque en polycarbonate et combinaison ignifugée.

Jambières = leurs coques de plastique sont garnies de mousse.

Pistolet, Sig Sauer SP 2022 = munitions 9 mm parabellum avec chargeur de 15 projectiles.

Rangers

(L'équipement des CRS en 2006.)

Vice et versa

ANGLAIS	FRANÇAIS	AMÉRICAIN
Flat	Appartement	Apartment
Banknote	Billet de banque	Bill
Wallet	Portefeuille	Billfold
To Grill	Griller	To Broil
To Ring up	Téléphoner	To Call
Bill	Facture	Check
Cul-de-sac	Impasse	Dead end
Crisps	Chips	Chips
Wardrobe	Armoire	Closet
Van	Camionnette	Truck
To Wash one's hands	Se laver les mains	To Wash up
Chemist	Pharmacie	Drugstore
Bluejeans	Jean	Dungarees
Autumn	Automne	Fall
Motorway	Autoroute	Freeway
Chips	Frites	French fries
Reception	Réception	Front desk
Rubbish	Ordures	Garbage
Petrol	Essence	Gas
Queue	Queue	Line
Post	Courrier	Mail
Mope	Cyclomoteur	Motorbike
Film	Film	Movie
Simple ticket	Aller simple	One way ticket
Parcel	Paquet	Package
Trousers	Pantalon	Pants
Car park	Parking	Parking lot
Hand bag	Sac à main	Purse
Estate agent	Agent immobilier	Realtor
To Let	Louer	To Rent
Time-table	Horaire	Schedule
Sorbet	Sorbet	Sherbet
Tube	Métro	Subway
Holiday	Vacances	Vacation
Garden	Jardin	Yard
Courgette	Courgette	Zucchini

(Dictionnaire anglais-américain.)

À quoi ça « cerf » ?

Jusqu'à 6 mois >>>>> faon
De 6 mois à 1 an >>>>> hère
1 an >>>>> brocard
2 ans >>>>> daguet
7 ans >>>>> dix-cors
8 ans >>>>> cerf royal
9 ans et plus >>>>> grand vieux cerf

(Le Cerf en fonction de son âge.)

Louis et couronnes

Louis Ier le Débonnaire —— 814-840
Louis II le Bègue —— 877-879
Louis III —— 879-884
Louis IV d'Outremer —— 936-954
Louis V le Fainéant —— 986-987
Louis VI le Gros —— 1108-1137
Louis VII le Jeune —— 1137-1180
Louis VIII le Lion —— 1223-1226
Louis IX, Saint Louis —— 1226-1270
Louis X le Hutin —— 1314-1316
Louis XI —— 1461-1483
Louis XII —— 1498-1515
Louis XIII —— 1610-1643
Louis XIV —— 1643-1715
Louis XV —— 1715-1774
Louis XVI —— 1774-1793
Louis XVIII —— 1814-1815-1824

Sacrés noms de chiens

Le chien de LOUIS XIV s'appelait ◆ Barbaut
Celui de PAUL LÉAUTAUD ◆ Barbette
ARISTIDE BRIAND ◆ Lolo
L'IMPÉRATRICE EUGÉNIE ◆ Linda
ÉMILE ZOLA ◆ Hector
GEORGE W. BUSH ◆ Barney et Beazley
FRANÇOIS MITTERRAND ◆ Baltique
GEORGE SAND ◆ Bébé
HENRI IV ◆ Cadet
JEAN GIRAUDOUX ◆ Puck
LOUIS XIII ◆ Titou
MARIE DE MÉDICIS ◆ Favorit
RAYMOND QUENEAU ◆ Taï Taï
ROMAIN GARY ◆ Pancho
SARAH BERNHARDT ◆ Minuccoi
STENDHAL ◆ Lupetto

À plus d'un titre

- BARBARA CARTLAND ▮ 583
- GEORGES SIMENON ▮ 400
- ISAAC ASIMOV ▮ 300
- ALEXANDRE DUMAS ▮ 272
- LEWIS CARROLL ▮ 255
- GEORGE SAND ▮ 100
- HONORÉ DE BALZAC ▮ 85
- AGATHA CHRISTIE ▮ 78
- COLETTE ▮ 73

(Nombre de titres publiés par ces écrivains.)

Le corps constitué

///////
Le poids du squelette ne représente que 14 % du poids total du corps /////// **Le corps sans la peau** sécherait comme une prune /////// **Les cheveux** poussent plus vite le matin /////// On lave ses **yeux** chaque fois que l'on cligne de l'œil /////// **Les larmes** sont antiseptiques et tuent les germes /////// **Il est impossible** d'éternuer les yeux ouverts /////// À l'intérieur du corps **le sang** est bleu ; il devient rouge dès qu'il est mélangé à l'oxygène /////// Le corps fabrique 2,5 millions de globules rouges à la seconde /////// Il faut environ 23 secondes au **sang** pour faire un tour complet du corps /////// **Le cerveau** (environ 1 400 grammes) est l'un des organes le plus lourd après **le foie**, **les poumons** et **le cœur** /////// **Un cil** a une durée de vie de 5 mois /////// Il y a 100 000 km de **vaisseaux sanguins** dans le corps humain /////// Les femmes clignent des **yeux** deux fois plus que les hommes /////// Le risque d'une **crise cardiaque** est plus élevé le lundi /////// On perd chaque jour entre 40 et 100 **cheveux** /////// **Une ride permanente** ne survient qu'après 200 000 froncements de sourcils /////// Au cours d'une vie moyenne, on ingurgite environ 35 tonnes de nourriture /////// **Les hommes** sont plus vulnérables à la foudre que **les femmes** (83 %) /////// Un nouveau-né pleure environ 113 minutes par jour /////// **L'odorat** et **l'ouïe** sont plus développés chez **la femme** que chez **l'homme** /////// **L'allergie** la plus répandue est celle au lait de vache /////// Il faut 54 **muscles** pour marcher et 17 pour sourire /////// Les fumeurs ont dix fois plus de **rides** que les non-fumeurs /////// **Le corps** est constitué d'environ 210 **os** /////// **L'homme**, **la femme** et **le bébé** ont le même nombre de poils /////// Le mouvement d'un **doigt** génère une énergie de 0,1 watt, la **respiration** : 1 watt, la **marche** : 67 watts ///////
///////

///////

Mon lapin est bien élevé

J'élève mes **ÉCREVISSES** >>> **astaciculture**
J'élève mes **CAILLES** >>> **coturniculture**
J'élève mes **ESCARGOTS** >>> **héliciculture**
J'élève mes **MOULES** >>> **mytiliculture**
J'élève mes **OURSINS** >>> **échiniculture**
J'élève mes **LAPINS** >>> **cuniculiculture**

Combien ça goutte ?

Salive : 1 litre

Cœur : 8 600 litres de sang

Poumons : 12 000 litres d'air

Estomac : 1,5 litre de suc gastrique

Foie : 1 litre de bile

Reins : 1 700 litres de sang

Sueur : 0,7 litre

Spermatozoïdes : 180 millions (par éjaculation)

(Dépenses moyennes et quotidiennes du corps humain.)

67,5 millions d'amis

- **36,6 millions** de poissons rouges,
- **9,7 millions** de chats,
- **8,6 millions** de chiens,
- **6,7 millions** d'oiseaux,
- **4,1 millions** de rongeurs.

(Les animaux domestiques en France.)

Promotions funèbres

JEAN MOULIN
(1899-1943),
préfet, résistant,
transféré en 1964.

RENÉ CASSIN
(1887-1976),
prix Nobel de la paix,
en 1987.

JEAN MONNET
(1888-1979),
un des « pères » de l'Europe,
en 1988.

L'ABBÉ GRÉGOIRE
(1750-1831),
a fait voter l'abolition
de l'esclavage, en 1989.

GASPARD MONGE
(1746-1818),
mathématicien,
en 1989.

PIERRE (1859-1906),
et **MARIE CURIE** (1867-1934),
physiciens, découvreurs du
radium, en 1995.

ANDRÉ MALRAUX
(1901-1976), écrivain
et ancien ministre,
en 1996.

ALEXANDRE DUMAS
(1802-1870),
écrivain,
en 2002.

*(Ils ont été transférés au Panthéon
sous la Cinquième République.)*

Lui c'est lui, moi c'est moi

ABEILLE et guêpe
ABÉLARD et Héloïse
ACCEPTATION et acception
ADAM et Ève
ADRET et ubac
AGONISER et agonir
ALLIGATOR et caïman
APPORTER et emporter
ARCTIQUE et Antarctique
ARDISSON et Fogiel
ARLEQUIN et Colombine
ARTHRITE et arthrose
AUGUSTE et Louis Lumière
AUTRUCHE et nandou
BALEINE et cachalot
BALLADE et balade
BÂTARD et corniaud
BLANCHIMENT
et blanchissage
BOILEAU et Narcejac
BOUVARD et Pécuchet
CABRIOLET et coupé
CARNIVORE et carnassier
CASTOR et Pollux
CHAMEAU et dromadaire
CHANTEUSE et cantatrice
CHIRAC et Sarkozy
COBAYE et cochon d'Inde
CONGRE et murène
CONJECTURE
et conjoncture
CORBEAU et corneille
COULEUVRE et vipère
COUPOLE et dôme
COURGE et citrouille
CYCLONE et tornade

D.S.T. et D.G.S.E.
DAPHNIS et Chloé
DAUPHIN et marsouin
DÉCADE et décennie
DENTURE et dentition
DOLMEN et menhir
DON JUAN et Casanova
DUPONT et Dupond
EAU DE PARFUM
et eau de toilette
EDMOND et Jules Goncourt
F.B.I et C.I.A
FRELON et bourdon
GAZELLE et antilope
GOURMET et gourmand
GRILLON et criquet
HOMOSEXUEL et pédéraste
JOFFRE et Foch
COUR et jardin
LIDO et Moulin-Rouge
LOIR et lérot
LUTHER et Calvin
MARTE et belette
MORUE et cabillaud
MOUETTE et goéland
MOULE et coque
MULET et bardot
MYTHIFIER et mystifier
NATION par Barbès
et Nation par Denfert
NATURISTE et nudiste
NOBLE et aristocrate
NOUILLE et pâte
OM et PSG
OPHTALMOLOGISTE
et opticien

OURS et grizzly
PHILEMON et Baucis
PHOQUE et otarie
PIERRE et Marie Curie
PIERRE et Vacances
PINAULT et Arnault
PINGOUIN et manchot
PRÉMICES et prémisses
PSYCHANALYSE et psychothérapie
RACINE et Corneille
RAGONDIN et rat musqué
RÉAUMUR et Sébastopol
RÉFÉRENDUM et plébiscite
RENARD et fennec
RENNE et caribou
ROULIS et tanguage
ROUX et Combaluzier
SAINT-PIERRE et Miquelon
SASHIMI et sushi
SOLE et limande
TORERO et matador
TRISTAN et Iseut
TROUVÈRE et troubadour
VÉGÉTARIEN et végétalien
VÉNÉNEUX et venimeux
VÉRONIQUE et Davina
ZADIG et Voltaire

(À ne pas confondre...)

Tableaux de chasse

1969 ◆ Palerme ◆ *La Nativité* du Caravage.
1972 ◆ Montréal ◆ *Paysage avec chaumière* de Rembrandt et 16 tableaux français et hollandais.
1972 ◆ Bagnols-sur-Cèze ◆ 15 tableaux (Bonnard, Dufy, Matisse, Renoir, Vuillard).
1988 ◆ Berlin ◆ *Portrait de Francis Bacon* de Lucien Freud.
1990 ◆ Boston ◆ *Le Concert* de Vermeer, 3 Rembrandt, 5 Degas, 1 Manet, 1 Flinck.
1998 ◆ Paris ◆ *Le chemin de Sèvres* de Corot.
1999 ◆ Antibes ◆ *Portrait de Dora Maar* de Picasso.
2000 ◆ Stockholm ◆ *Autoportrait* de Rembrandt et *Portrait d'une jeune parisienne* de Renoir.
2003 ◆ Drumlanrig ◆ *Vierge au jumeau* de Léonard de Vinci.

(Œuvres d'art volées depuis 1969.)

Informations « capitale »

/// /// /// ///   /// /// /// ///

/// **1 200** boucheries /// ///
/// **1 400** boulangeries /// ///
/// **1 612** teintureries /// ///
/// **1** cochon /// ///
/// **1** héron /// ///
/// **1 600** kilomètres de caniveaux /// ///
/// **10 540** hectares /// ///
/// **11 541** restaurants /// ///
/// **11 000** goélands /// ///
/// **14 000** marronniers /// ///
/// **2 142 800** habitants /// ///
/// **20 050** cafés /// ///
/// **34 000** platanes /// ///
/// **470** sanitaires publics /// ///
/// **6 600** carrefours /// ///
/// **63 km** de quais de métro /// ///
/// **8 400** tilleuls /// ///
/// **80 000** chats de gouttière /// ///
/// La Seine traverse la capitale sur **12 km** /// ///
/// Le dôme des Invalides est recouvert
   de **555 000** feuilles d'or fin /// ///
/// Le grand lustre de L'Opéra pèse **8 000 kg** /// ///
/// **Trente-six** ponts traversent la Seine /// ///

                                                  /// /// /// ///

/// /// /// ///

(À Paris en 2003.)

My watch is a Swatch

•• **Six sharp smart sharks** • *The sixth sick sheik's sixth sheep's sick* • **If Stu chews shoes, should Stu choose the shoes he chews ?** • *Rory the warrior and Roger the worrier were wrongly reared in a rural brewery* • **Wunwun was a racehorse, Tutu was one, too. Wunwun won one race, won one, too** • *Red Lorry, yellow lorry, red lorry, yellow lorry.* • **A noisy noise annoys an oyster** • *How much wood would a woodchuck chuck if a woodchuck could chuck wood ?* • **Six slick slim sick sycamore saplings** • *Friendly Frank flips fine flapjacks* • **Where the peck of pickled peppers Peter Piper picked ?** • *Three witches watch three swatch watches which whitch watches which swatch watch ?* ••

(Virelangues, version britannique.)

Hommes de lettres express

Honoré de Balzac >>> écrivit *Le Père Goriot* en 40 jours.

Boris Vian >>> *L'Automne à Pékin*, 3 mois.

Anton Tchekov >>> le premier acte du *Chant du Cygne*, >>> 1 heure.

James Hilton >>> *Goodbye Mr Chips*, 4 jours.

Robert Louis Stevenson >>> *Dr Jekyll and Mr Hyde*, >>> 3 jours.

Jean Cocteau >>> *Les Enfants terribles*, 3 semaines.

Stendhal >>> *La Chartreuse de Parme*, 53 jours.

Alfred de Vigny >>> *Chatterton*, 17 jours.

Simenon >>> *Le Pont des Arches*, 10 jours.

Happy birthday !

Aristote Onassis
Billy Wilder
Jean Sablon
John Huston
Léonid Brejnev
Louise Brooks
Luchino Visconti
Roberto Rossellini
Samuel Beckett

(Ils auraient eu 100 ans en 2006.)

Edwige Feuillère
Georges Rémi dit Hergé
Henri-Georges Clouzot
Jacques Tati
John Wayne
Katharine Hepburn
Paul-Emile Victor
Pierre Mendès-France
Tino Rossi

(Ils auraient eu 100 ans en 2007.)

C'est fort de café

ESPRESSO = café serré
LUNGO = allongé
CORRETTO = avec de l'eau-de-vie
LATTE = avec du lait
MACCHIATO = noisette, avec une goutte de lait
CAPPUCINO = crème et saupoudré de cacao

Lieux peu communs

9, rue du Beaujolais, **Colette**
2, boulevard de la Madeleine, **Mirabeau**
22, rue Beautreillis, **Charles Baudelaire**
16, rue Chanoinesse, **Racine**
10, bis avenue des Gobelins, **Ernest Hemingway**
98, faubourg Poissonnière, **Boris Vian**
7, rue des Grands-Augustins, **Pablo Picasso**
2, rue de Tournon, **André Gide**
44, rue du Bac, **André Malraux**
14, rue de Rémusat, **Arletty**
12, avenue Montaigne, **Marlène Diétrich**
5, rue Tronchet, **Frédéric Chopin**
13, rue de la Ville-L'Evêque, **Alphonse de Lamartine**
13, de la rue de Washington, **Raimu**
21, rue de Bruxelles, **Émile Zola**
21, rue de Clichy, **Victor Hugo et Juliette Drouet**
13, quai Saint-Michel, **Max Ernst**
18, rue Séguier, **Albert Camus**
Ancien hôtel Colbert, rue de la Bûcherie, **Simone de Beauvoir**
36, avenue Georges Mandel, **Maria Callas**
25, rue du docteur Roux, **Louis Pasteur**
8, rue Franklin, **Georges Clemenceau**
6, place Fürstenberg, **Eugène Delacroix**
42, rue Santos Dumont, **Georges Brassens**
9, boulevard Malesherbes, **Marcel Proust**
124, avenue Victor Hugo, **Victor Hugo**

(Toutes ces adresses sont à Paris.)

Ils pourront prendre le tram

Victor (1764-1841)
Duc de Bellune. Envoyé en Louisiane, ministre plénipotentiaire au Danemark, il rejoint la Grande Armée en 1806. Participe à la campagne de Russie.

Brune (1763-1815)
Un des rares à n'avoir pas de titre nobiliaire. Quoique tombé en disgrace en 1807, il se rallie lors des Cent-Jours. Reconnu par des royalistes à Avignon, il est tué d'un coup de fusil.

Jourdan (1762-1833)
Comte. Il doit sa renommée à sa victoire de Fleurus, en 1794, qui permit de reprendre la Belgique aux coalisés.

Massena (1756-1817)
Duc de Rivoli, prince d'Essling. « L'enfant chéri de la victoire ».

Lefèvre (1755-1820)
Duc de Dantzig. Il avait épousé une ancienne blanchisseuse au célèbre franc-parler, madame Sans-Gêne.

(Le nouveau tramway parisien dessert ces 5 boulevards qui portent le nom de ces maréchaux d'Empire.)

Terra incognita

HONDURAS BRITANNIQUE > Belize
DAHOMEY > Bénin
BECHUANALAND > Botswana
HAUTE-VOLTA > Burkina Faso
SOMALIE FRANÇAISE > Djibouti
ABYSSINIE > Éthiopie
CÔTE-DE-L'OR > Ghana
PERSE > Iran
PROTECTORAT EST AFRICAIN > Kenya
BASUTOLAND > Lesotho
NYASALAND > Malawi
SOUDAN FRANÇAIS > Mali
AFRIQUE PORTUGAISE DE L'EST > Mozambique
BIRMANIE > Myanmar
CEYLAN > Sri Lanka
SURINAM > Guyane hollandaise
SIAM > Thaïlande
RHODÉSIE DU NORD > Zambie
RHODÉSIE DU SUD > Zimbabwe

(Pays qui ont changé de nom.)

Indian casting

Brahmanes = prêtres
Kshatriyas = dirigeants, administrateurs et soldats
Vaisyas = fermiers et marchands
Sudras = artisans
Dalits (intouchables) = relégués à des tâches inférieures

Perles de cultures

HUÎTRES CREUSES
1. Huîtres fines : indice de remplissage de chair entre 6,5 et 10,5.
2. Spéciales : indice supérieur à 10,5.
3. Fines de claire : affinées au moins 2 à 3 semaines en claire (bassin d'eau de mer).
4. Spéciales de claire : indice supérieur à 10,5.
Les numéros 1 à 5 correspondent au calibre ; plus le numéro est élevé plus les huîtres sont petites.
HUÎTRES PLATES
Gravette d'Arcachon ou belon de Bretagne.
L'huître perlière appartient à une famille différente, les pteriidae.

Lorsque l'enfant paraît

À 1 MOIS : un bébé reconnaît la voix de ses parents et peut voir jusqu'à un mètre.

À 2 MOIS : il commence à comprendre qu'en pleurant il attire l'attention des adultes, montre ses émotions et soulève un peu la tête.

À 3 MOIS : il peut prononcer les voyelles, agite les pieds et les mains, reconnaît les odeurs de ses proches.

DU 4ᴇ AU 6ᴇ MOIS : il expérimente les goûts, reconnaît son prénom, rit quand on le chatouille, passe les objets d'une main à l'autre.

Caisse de communautés

PARIS	BERLIN	NEW YORK	LONDRES
Gare Montparnasse	Südbahnhof	**Reading Railroad**	**King's Cross Station**
Gare de Lyon	Westbanhof	Pennsylvania Railroad	Marylebone Station
Boulevard Saint-Michel	**Weiner Strasse**	**Tennessee Avenue**	**Malborough Street**
Place Pigalle	Berliner Strasse	New York Avenue	Vine Street
Faubourg Saint-Honoré	**Lessing Strasse**	**Atlantic Avenue**	**Leicester Square**
Avenue Foch	Haupt Strasse	North Carolina Avenue	Oxford Street
Rue de la Paix	**Schloballee**	**Boardwalk**	**Mayfair**
Avenue des Champs–Elysées	Park Strasse	Park Place	Park Lane

(Correspondances internationales du Monopoly.)

Singuliers pluriels

/ / / /

abats / **abois** / **affres** / **agrès** / **agrumes** / **aguets** / **alentours** / **appas** / **archives** / **arrhes** / **beaux-arts** / **broussailles** / **catacombes** / **condoléances** / **décombres** / **entrailles** / **fiançailles** / **floralies** / **funérailles** / **gravats** / **immondices** / **mœurs** / **obsèques** / **oreillons** / **ossements** / **pleurs** / **pourparlers** / **prémices** / **représailles** / **rillettes** / **sévices** / **ténèbres** / **vêpres** / **victuailles** / **vivres** /

/ / / /

(Mots qui n'existent qu'au pluriel.)

Dessins enchantés

- • • *Casse-Noisette* de Piotr Tchaïkowski
- • • *L'Apprenti sorcier* de Paul Dukas
- • • *L'Ave Maria* de Franz Schubert
- • • *La Danse des heures* d'Amilcare Ponchielli
- • • *La Symphonie Pastorale* de Ludwig van Beethoven
- • • *Le Sacre du printemps* d'Igor Stravinsky
- • • *Toccata et fugue en ré mineur* de Jean-Sébastien Bach
- • • *Une Nuit sur le mont Chauve* de Modeste Moussorgski

(Extraits que l'on retrouve dans le film de Walt Disney, Fantasia, 1940.)

L'équation de la beauté

Le nombre d'or, environ **1,618**, appelé aussi porte d'harmonie ou divine proportion est un rapport idéal entre deux grandeurs : il provient du nombre 5 que Pythagore appelait le nombre ornement. « Pour qu'un tout partagé en parties inégales, paraisse beau, il doit y avoir entre la petite partie et la grande, le même rapport qu'entre la grande et le tout. » Vitruve.

=================================
L'application du nombre d'or trouva un rôle non négligeable au tracé régulateur de nombreux monuments architecturaux, (par exemple le Parthénon), mais aussi d'œuvres plastiques, comme dans la peinture de Piero Della Francesca, de Léonard de Vinci, de Raphaël, et dans l'enseignement académique des beaux-arts jusqu'au XXe siècle.

=================================
On le retrouve aussi en musique, en poésie, en sculpture.
=================================

(Le nombre d'or.)

Ma femme est entraîneuse

UN BÉTONNEUR >>> Une bétonneuse
UN CARILLONNEUR >>> Une carillonneuse
UN CHAUFFEUR >>> Une chauffeuse
UN CHEMINOT >>> Une cheminot
UN DÉBARDEUR >>> Une débardeuse
UN DÉBROUSSAILLEUR >>> Une débroussailleuse
UN ENTRAÎNEUR >>> Une entraîneuse
UN ESSOREUR >>> Une essoreuse
UN PÈLERIN >>> Une pèlerine
UN PLOMBIER >>> Une plombière
UN POMPIER >>> Une pompière
UN SAPEUR >>> Une sapeuse
UN TONDEUR >>> Une tondeuse
UN TRAITEUR >>> Une traiteuse
UN TRAPPEUR >>> Une trappeuse
UN TURBINEUR >>> Une turbineuse
UN VIDEUR >>> Une videuse
UN ZINGUEUR >>> Une zingueuse

(Guide de la féminisation, *Documentation française*, 1999.)

Échecs aux maths

//
Circonférence d'un cercle = $2 \pi r$
Surface d'un cercle = $\pi r 2$
Volume d'une sphère = $4/3 \pi r 3$
Volume d'un cylindre = $\pi r 2h$
//
π (Pi = 3,14159265)
r (rayon)

(*Formules mathématiques usuelles.*)

Tintin, Tan Tan, et les autres

* Kuifie et Spokie * * **Africain**
* Tim et Struppi * * **Allemand**
* Tintin et Snowy * * **Anglais**
* Tin Tin et Milou * * **Arabe**
* Tinng et Tiung * * **Chinois**
* Tintin et Terry * * **Danois**
* Tintin et Milù * * **Espagnol**
* Tintti et Milou * * **Finnois**
* Ten-Ten et Milou * * **Grec**
* Tainetaine et Milou * * **Iranien**
* Tinni et Tobbi * * **Islandais**
* Tintin et Milu * * **Italien**
* Tan Tan et Milo * * **Japonais**
* Kuifje et Bobbie * * **Néerlandais**
* Tintin et Terry * * **Norvégien**
* Tintim et Milu * * **Portugais**
* Tintin et Milou * * **Suédois**

La vache qui rit

((

(((*The laughing cow*))) **dans les pays anglophones.**
(((*Vesela Krava*))) **en République tchèque.**
(((*Krowka Smieszka*))) **en Pologne.**
(((*La vaca que rié*))) **en Espagne.**
(((*A vaca que ri*))) **au Portugal.**
(((*Vessiolaia Bourionka*))) **en Russie.**
(((*Den Skrattande Kon*))) **en Suède.**
(((*Die lachende Kuh*))) **en Allemagne.**

))

Péri-styles

Allemagne — Outre-Rhin
Amazonie — L'Enfer Vert
Angleterre — La Perfide Albion
Avignon — La Cité des Papes
Belgique — Le Plat Pays
Bruges — La Venise du Nord
Tibet — Le Toit du Monde
Chine — L'Empire du Milieu
Europe — Le Vieux Continent
Japon — Le Pays du Soleil Levant
Lyon — La Capitale des Gaules
Marseille — La Cité Phocéenne
Paris — La Ville Lumière
Rome — La Ville Éternelle
Toulouse — La Ville Rose
Venise — La Cité des Doges

(Périphrases chères aux journalistes.)

Habemus papam

Benoît XVI · · · · · · · · · · · · · · · · · · (depuis 2005)
Jean-Paul II · · · · · · · · · · · · · · · · · (1978-2005)
Jean-Paul Ier · · · · · · · · · · · · · · · · · (1978-1978)
Paul VI · (1963-1978)
Jean XXIII · · · · · · · · · · · · · · · · · · (1958-1963)
Pie XII · (1939-1958)
Pie XI · (1922-1939)
Benoît XV · · · · · · · · · · · · · · · · · · (1914-1922)
Pie X · (1903-1914)
Léon XIII · · · · · · · · · · · · · · · · · · · (1878-1903)
Pie IX · (1846-1878)

L'inconnu au bataillon

Le 8 novembre 1920, on exhume dans 8 secteurs du front (Flandres, Artois, Somme, Île-de-France, Champagne, Verdun, Lorraine et Chemin des Dames), hauts lieux des combats les plus meurtriers, 8 corps parmi lesquels sera choisi celui qui recevra l'hommage suprême.

Le 10 novembre, à Verdun, André Maginot, ministre des Pensions, s'avance vers le soldat Auguste Thin du 132e régiment d'infanterie. Lui tendant un bouquet, le ministre lui dit : « Soldat, voici un bouquet de fleurs cueillies sur le champ de bataille de Verdun, parmi les tombes des héros morts pour le pays. Vous le déposerez sur un des huit cercueils. Ce cercueil sera celui du Soldat inconnu. » Auguste Thin dépose le bouquet sur le troisième cercueil de la rangée de gauche. Il confiera plus tard que son choix a été guidé par l'addition des trois chiffres de son régiment (1 + 3 + 2 = 6). Le Soldat inconnu quitte alors Verdun par train spécial pour rejoindre la capitale ; quant aux sept autres corps, ils seront inhumés dans le cimetière militaire du Faubourg Pavé au milieu des morts de la Grande Bataille.

Qu'est-ce qu'on mange ce soir ?

Chine :	Chien de Kaiping
	Mouton à l'estomac fourré au poulet
	Hamster nourri aux oranges de Logan
Turquie :	Kokoreç : rondelles d'intestin de mouton frites
	Arnavut ciêgeri : dés de foie d'agneau frits au piment rouge
Inuit :	Bouillon de rennes
	Viande d'ours
Chili :	Caca frita
Madagascar :	Varyamin : pot au feu de zébu aux chayottes
Maghreb :	Couscous au beurre rance
Cameroun :	Ragoût de vipère
Haute-volta :	Queue de crocodile
Casamance :	Brochette de singe
Mali :	Chameau aux ignames
Écosse :	Haggis : panse de brebis farcie avec le cœur le foie et les poumons
Guyanes :	Ragoût de tatou
Pérou :	Anticucho : brochette de cœur de bœuf
Ukraine :	Nakypliak : soufflé aux choux
Suède :	Bœuf à la Lindstöm : steak haché au jus de betterave et aux câpres
Finlande :	Kalakukko : farci de petits poissons d'eau douce et de viande de porc haché
Inde :	Ragoût épicé de mulet à l'huile de moutarde

Amis de la poésie, bonjour

Ballade	Poème de trois strophes et un envoi, construit sur trois rimes.
Cantilène	Complainte lyrique (Moyen Âge).
Cantique	Poème d'inspiration religieuse.
Discours	Pièce en vers, plutôt longue, adressée ou non à un interlocuteur précis, et défendant un point de vue.
Églogue	Poème court à caractère champêtre.
Élégie	Poème lyrique exprimant la plainte.
Épigramme	Petite pièce en vers, satirique.
Épithalame	Poème composé à l'occasion d'un mariage.
Épître	Lettre en vers, adressée à un personnage pour lui faire une requête.
Épopée	Long poème épique.
Fable	Petit récit en vers, à conclusion morale.
Hymne	Poème écrit à la gloire d'un héros, d'un pays, d'une personne ou d'un concept, et exprimant la joie.
Lai	Petit poème narratif ou lyrique en octosyllabes à rimes plates.
Ode	Poème lyrique, composé de strophes symétriques, souvent long et d'inspiration élevée.
Rondeau	Poème court sur deux rimes (Moyen Âge).
Sonnet	Poème de 14 vers, avec deux quatrains et deux tercets.
Stance	Poème lyrique d'inspiration grave (religieuse, morale, élégiaque).

(Quelques formes poétiques.)

C'est pas de ma faute

Il y a quelque vingt ans, mon cher Hyppolyte, nous pagayions sur ce ruisseau méditerranéen, tandis que des scarabées faisaient bruire leurs jolis élytres sur les lauriers-tins et les lauriers-sauces, d'où tombaient des pétales amarante et fanés. Une foule de dames patronnesses marmottaient et marmonnaient au débarcadère, sous le patronage d'un pâtissier caduc. Là croissaient nos acacias, nos zinzolines fleurs de lys, nos chrysanthèmes poivrés ; quatre-vingts buffles et trois cents sarigues ballaient et bringuebalaient dans le pacage où étaient aussi parqués quatre-vingt-douze chevaux rouans.

On nous offrit une omelette, quelques couples d'œufs qu'Hyacinthe nous avait procurés en mil neuf cent neuf ; des entrecôtes pourries et des sandwiches arrosés de malvoisie parfumé. Enfin, nous revînmes à Châlon-sur-Saône. Nous retrouvâmes nos chambres aux plinthes bleu de roi, nos béryls et nos agates, nos bibelots de marqueterie et de tabletterie. Il nous semblait être partis depuis l'an mille. Malgré les praticiens homéopathes ou allopathes, nous retrouvâmes, et à quelle période ! Toi, ton entérite, et moi, mon emphysème.

(Dictée de Pierre Louÿs, 1870-1925.)

Les justes prix

AUSTRALIE ∗ Lovely
CANADA ∗ Génie
ESPAGNE ∗ Goya
ÉTATS-UNIS ∗ Oscar
FRANCE ∗ César
GRANDE-BRETAGNE ∗ Bafta
ITALIE ∗ David di Donatello
MEXIQUE ∗ Ariel
SUÈDE ∗ Guldbagge
TAIWAN ∗ Golden Horse

(Trophées de l'industrie cinématographique.)

Ils nous ont gonflés tout l'été

1990 → ZOUK MACHINE → *Maldon*
1991 → DENIS AZOR → *Ala li la*
1992 → JORDY → *Dur dur d'être un bébé !*
1993 → REGG'LYSS → *Mets de l'huile*
1994 → BILLY THE KICK → *Mangez-moi*
1995 → JOHN SCATMAN → *Scatman*
1996 → LOS DEL RÍO → *Macarena*
1997 → RICKY MARTIN → *1, 2, 3 Maria*
1998 → MANAU → *La tribu de Dana*
1999 → ZEBDA → *Tomber la chemise*
2000 → LOU BEGA → *Mambo Number 5*
2001 → BÉBÉ CHARLI → *KKOQQ*
2002 → LAS KETCHUP → *Asereje (The Ketchup Song)*
2003 → DJ BOBO → *Chihuahua*
2004 → O-ZONE → *Dragostea Din Tei*
2005 → CRAZY FROG → *Axel F*
2006 → LA PLAGE → *Coup de boule*

(Tubes de l'été.)

Imagine...

AC/DC ▸▪▸ *Highway to Hell*

Bob Dylan/Guns N' Roses ▸▪▸ *Knockin' On Heaven's Door*

Elvis Presley ▸▪▸ *(You're The) Devil In Disguise*

Foo Fighters ▸▪▸ *Learn To Fly*

Frank Sinatra ▸▪▸ *New York, New York*

Jimi Hendrix ▸▪▸ *Hey Joe*

Lenny Kravitz ▸▪▸ *Fly Away*

Louis Armstrong ▸▪▸ *What A Wonderful World*

Michael Jackson ▸▪▸ *Smooth Criminal*

Paul McCartney and Wings ▸▪▸ *Live And Let Die*

Phil Collins ▸▪▸ *In the Air Tonight*

Pink Floyd ▸▪▸ *Run Like Hell*

R.E.M. ▸▪▸ *It's The End Of The World As We Know It (And I Feel Fine)*

Rage Against The Machine ▸▪▸ *Toutes les chansons*

Red Hot Chili Peppers ▸▪▸ *Aeroplane*

Simon And Garfunkel ▸▪▸ *Bridge Over Troubled Water*

The Beatles ▸▪▸ *Lucy In The Sky With Diamonds*

The Clash ▸▪▸ *Rock The Casbah*

The Doors ▸▪▸ *The End*

U2 ▸▪▸ *Sunday Bloody Sunday*

(Quelques chansons interdites aux États-Unis après le 11 septembre 2001.)

On en reste interdits

- Avoir des relations sexuelles avec un porc-épic. (Floride)
- S'endormir sous un sèche-cheveux. (Floride)
- Maltraiter un papillon à Pacific Grove. (Californie)
- Avoir des relations sexuelles dans la chambre froide d'une boucherie. (Wyoming)
- Chasser le chameau. (Arizona)
- Porter une fausse moustache dans une église. (Alabama)
- Saouler un poisson. (Ohio)
- Attacher une girafe à un lampadaire. (Géorgie)
- Pêcher en étant assis sur le dos d'une girafe. (Idaho)
- Entrer dans un cinéma, dans un théâtre, ou conduire un tramway, moins de quatre heures après avoir mangé de l'ail. (Indiana)
- Descendre d'un avion en vol. (Maine)
- Ronfler, à moins que toutes les fenêtres de la chambre soient fermées et verrouillées. (Massachusetts)
- Franchir les frontières de l'État avec un canard sur la tête. (Minnesota)
- Les coiffeurs ne sont pas autorisés à manger des oignons entre 7 heures et 19 heures. (Nebraska)
- Tous les chats doivent porter trois clochettes pour informer les oiseaux de l'endroit où ils se trouvent. (New Jersey)
- Les femmes doivent obtenir l'autorisation écrite de leur mari pour porter de fausses dents. (Vermont)
- Prendre un lapin en photo du mois de janvier au mois d'avril sans autorisation officielle. (Wyoming)
- Il est légal de tuer les ours, mais il est interdit de les réveiller pour les photographier. (Alaska)

(Interdictions en vigueur dans certains États des USA.)

Ordonnance médicale

◎ Au moment d'être admis(e) à exercer la médecine, je promets et je jure d'être fidèle aux lois de l'honneur et de la probité. Mon premier souci sera de rétablir, de préserver ou de promouvoir la santé dans tous ses éléments, physiques et mentaux, individuels et sociaux. Je respecterai toutes les personnes, leur autonomie et leur volonté, sans aucune discrimination selon leur état ou leurs convictions. J'interviendrai pour les protéger si elles sont affaiblies, vulnérables ou menacées dans leur intégrité ou leur dignité. Même sous la contrainte, je ne ferai pas usage de mes connaissances contre les lois de l'humanité. J'informerai les patients des décisions envisagées, de leurs raisons et de leurs conséquences. Je ne tromperai jamais leur confiance et n'exploiterai pas le pouvoir hérité des circonstances pour forcer les consciences. Je donnerai mes soins à l'indigent et à quiconque me les demandera. Je ne me laisserai pas influencer par la soif du gain ou la recherche de la gloire.
Admis(e) dans l'intimité des personnes, je tairai les secrets qui me seront confiés. Reçu(e) à l'intérieur des maisons, je respecterai les secrets des foyers et ma conduite ne servira pas à corrompre les mœurs. Je ferai tout pour soulager les souffrances. Je ne prolongerai pas abusivement les agonies. Je ne provoquerai jamais la mort délibérément.
Je préserverai l'indépendance nécessaire à l'accomplissement de ma mission. Je n'entreprendrai rien qui dépasse mes compétences. Je les entretiendrai et les perfectionnerai pour assurer au mieux les services qui me seront demandés.
J'apporterai mon aide à mes confrères ainsi qu'à leurs familles dans l'adversité. Que les hommes et mes confrères m'accordent leur estime si je suis fidèle à mes promesses ; que je sois déshonoré(e) et méprisé(e) si j'y manque.

(Serment d'Hippocrate, version 1996.)

Ballons dirigés

RAYMOND DOMENECH ✻ **(depuis 2004)**
JACQUES SANTINI ✻ **(2002-2004)**
ROGER LEMERRE ✻ **(1998-2002)**
AIMÉ JACQUET ✻ **(1993-1998)**
GÉRARD HOUILLER ✻ **(1992-1993)**
MICHEL PLATINI ✻ **(1988-1992)**
HENRI MICHEL ✻ **(1984-1988)**
MICHEL HIDALGO ✻ **(1976-1984)**
STEFAN KOVACS ✻ **(1973-1975)**
GEORGES BOULOGNE ✻ **(1969-1973)**
LOUIS DUGAUGUEZ ✻ **(1967-1968)**
JUST FONTAINE ✻ **(1967)**
JOSÉ ARRIBAS-JEAN SNELLA ✻ **(1966)**
HENRI GUERIN ✻ **(1964-1966)**

(Sélectionneurs de l'équipe de France de football.)

Pic et pic et collent les grammes

Mayonnaise 700
Pizza 500
Foie gras 430
Rillettes 430
Gorgonzola 360
Biscotte 350
Paella 331
Merguez 298
Pêche melba 284
Caviar 275
Cuisse de Poulet 264

Faisan 215
Tapenade 200
Pâtes 140
Cervelle 120
Lentilles 100
Homard 89
Crabe royal 89
Haddock 87
Grenouilles 86
Tripes 79
Escargots 75

(Nombre de calories pour 100 g.)

À Vienne quand pourra

	ARRIVÉE	-	DÉPART
Paris Est		-	17 h 16
Châlons-en-Champagne	18 h 40	-	18 h 42
Nancy Ville	20 h 07	-	20 h 10
Strasbourg	21 h 23	-	21 h 48
Kehl	21 h 56	-	22 h 12
Baden-Baden	22 h 35	-	22 h 37
Karlsruhe Hbf	22 h 57	-	23 h 07
Pforzheim Hbf	23 h 27	-	23 h 29
Stuttgart Hbf	00 h 07	-	00 h 20
Plochingen	00 h 34	-	00 h 35
Göppingen	00 h 46	-	00 h 47
Geislingen (Steige)	00 h 58	-	01 h 00
Ulm Hbf	01 h 23	-	01 h 25
Neu-Ulm	01 h 29	-	01 h 31
Günzburg	01 h 44	-	01 h 46
Augsburg Hbf	02 h 26	-	02 h 29
München-Pasing	03 h 02	-	03 h 04
München Ost	03 h 16	-	03 h 18
Salzburg Hbf	04 h 44	-	05 h 00
Attnang-Puchheim	05 h 51	-	05 h 53
Wels Hbf	06 h 12	-	06 h 14
Linz/Donau Hbf	06 h 28	-	06 h 31
St. Valentin	06 h 46	-	06 h 48
Amstetten	07 h 07	-	07 h 09
St. Pölten Hbf	07 h 41	-	07 h 43
Wien Hütteldorf	08 h 21		
Wien Westbahnhof	08 h 30		

(Horaires de l'Orient-Express.)

Ça coule de source

Ouest-Est
~ Le Danube ~
~ L'Amazone ~
~ L'Ebre ~
~ L'Orénoque ~

Nord-Sud
~ Le Mississipi ~
~ Le Guadalquivir ~
~ Le Rhône ~
~ La Volga ~
~ Le Mékong ~
~ Le Zambèze ~

Sud-Nord
~ Le Rhin ~
~ L'Elbe ~
~ L'Oder ~
~ La Vistule ~
~ L'Ob ~
~ L'Ienisseï ~
~ Le Nil ~

Est-Ouest
~ Le Congo ~
~ Le Tage ~

(Le sens des fleuves en partant de leur source.)

Déchetterie vendredi...

Mouchoir en papier : 3 mois.
Allumette en bois : 6 mois.
Papier de bonbon : 1 an.
Mégot de cigarette : 2 à 5 ans.
Chewing-gum : 5 ans.
Canette en aluminium : 10 à 100 ans.
Pot de yaourt : 100 à 1000 ans.
Boîte de conserve : 200 à 500 ans.
Sac en plastique : 450 ans.
Carte téléphonique : 1000 ans.
Bouteille en verre : 4000 ans.

(Délai de biodégradabilité des déchets domestiques.)

Halte aux invasions barbares

ON NE DIT PAS (ET ON N'ÉCRIT PAS)	... MAIS
Aéropage	Aréopage
Aréoport	Aéroport
Cacaphonie	Cacophonie
Carapaçonner	Caparaçonner
Carroussel	Carrousel
Déguingandé	Dégingandé
Dépradation	Déprédation
Dilemne	Dilemme
Infractus	Infarctus
Obnibuler	Obnubiler
Pantomine	Pantomime
Pécunier	Pécuniaire
Pérégrination	Pérégrination
Rasséréné	Rasséréné
Rénumérer	Rémunérer

(Barbarismes courants.)

Surnoms de noms

God = Eric Clapton
Iron Myke = Myke Tison
L'Aigle des Açores = Pauleta
L'Ange Vert = Dominique Rocheteau
La Madonne = Madonna
La Môme = Edith Piaf
Le Fou Chantant = Charles Trenet
Le Roi = Pelé
Le Spice Boy = David Beckham
Les Quatre de Liverpool = The Beatles
Maître Jacques = Jacques Anquetil
Monsieur 100.000 volts = Gilbert Bécaud
Ronnie = Ronaldinho
Schmoll = Eddy Mitchell
Schumi = Mickaël Schumacher
The kid of Minneapolis = Prince
The King = Elvis Presley
The King of the Pop = Michael Jackson
The Voice = Frank Sinatra
TP (Tipi) = Tony Parker
Trezegoal = David Trézéguet

Touchez pas au grisbi

/ artiche / as / aspine / aubert / avoine / balles / beurre / biftons / blanquette / blé / boules / braise / bulle / caire / carbure / carme / craisbi / douille / fafiots / fifrelins / flouze / fourrage / fraîche / fric / galette / galtouse / ganot / gibe / graisse / grisbi / japonais / love / maille / mornifle / némo / os / oseille / osier / pépètes / pèse / picaillons / pimpions / plâtre / pognon / radis / ronds / soudure / talbins / trèfle / thune /

(L'argent en argot.)

Listix

Abraracourcix
Agecanonix
Alambix
Assurancetourix
Astronomix
Boetanix, Amoniake
et Manneken
Bonemine
Cétautomatix
Claudius Trottemenus,
Maelenkolix, Vandeuléflix
et Madamboevarix
Falbala
Fanzine
Figatellix
Goudurix
Gueuselambix
Idéfix
Iélosubmarine
Jolitorax
Nicotine
Obélix
Obélodalix
Ocatarinetabella Tchix-Tchix
Océanix
Ordralfabétix
Orthopédix
Panoramix
Petisuix
Plantaquatix
Pneumatix
Praline
Soupalognon y Crouton
Tragicomix
Vanendfaillevesix
Zaza
Zebigbos,
O'Torinolaringologix,
Mac Anotérapix et Relax

(Les compagnons d'Astérix.)

Who wird gagner des milliones ?

Allemagne (((Wer wird Millionär ?)))

Argentine (((¿ Quién quiere ser Millonario ?)))

Australie (((Who wants to be a Millionaire ?)))

Belgique (flamand) (((Wie wordt euromiljonair ?)))

Bulgarie (((Koi iska da stane bogat)))

Chili (((¿ Quién quiere ser millonario ?)))

Chypre (((Poios thelei na ginei ekatommyriouchos)))

Danemark (((Hvem vil være millionær)))

Estonie (((Kes tahab saada miljonäriks ?)))

Finlande (((Haluatko miljonääriksi ?)))

France (((Qui veut gagner des millions ?)))

Grèce (((Poios thelei na ginei ekatommyriouchos)))

Hongrie (((Legyen Ön is milliomos !)))

Inde (((Kaun Banega Crorepati)))

Israël (((Mi rotseh lehyot mylyoner)))

Italie (((Chi vuol essere milionario)))

Lituanie (((Kas laime's milijona ?)))

Norvège (((Vil du bli millionær)))

Portugal (((Quem quer ser milionário ?)))

Roumanie (((Vrei sa fii miliardar ?)))

Taïwan (((Wai Beng Fu Yung ?)))

Viêt-Nam (((Ai la trieu phu)))

Bons plants

AMANDE AMÈRE : Odeur d'amande, d'acétate, généralement due à une erreur de collage. Défaut. **/ ARÔME :** Odeur perçue directement par le nez ou bien en bouche par voie rétro-nasale. **/ ASTRINGENCE :** Effet de resserrement des papilles gustatives provoqué par les tanins. Souvent accompagnée d'amertume. **/ ATTAQUE :** Première impression perçue lorsqu'on met le vin en bouche. **/ BOISÉ :** Un vin boisé a passé trop de temps en fûts, ou dans de mauvais fûts. C'est un caractère péjoratif alors que la marque du chêne neuf est acceptable. **/ BOUQUET :** Presque synonyme de nez et d'odeur. Généralement réservé à l'ensemble des arômes d'un vin vieux, résultant de la vinification et du vieillissement en fût et en bouteille. **/ CÉPAGE :** Variété de raisin. Ex. : Cabernet-Sauvignon, Pinot noir, Riesling. **/ JAMBES :** Gouttelettes de vin qui glissent le long des parois après qu'on a fait tourner le vin dans le verre. Synonyme de larmes. **/ LONG :** Un arrière-goût qui se prolonge longuement. Une qualité éminente. **/ LOURD :** Trop riche en alcool, manque de finesse. **/ MAIGRE :** Trop mince, aqueux, manquant de corps. Un défaut. **/ MOELLEUX :** Peut indiquer soit un niveau de sucre élevé, soit une impression de rondeur, de souplesse, d'onctuosité et de gras. **/ MÛR :** Se dit d'un vin parvenu à maturité, ou d'un arôme évoquant le fruit mûr. **/ PUISSANT :** Un vin riche en alcool et en extrait. **/ ROBE :** Aspect du vin. **/ TANIN :** Un des constituants essentiels des vins rouges. Il provient des parties solides des raisins qui se dissolvent pendant la fermentation. Il donne au vin un caractère astringent et sec et contribue à son pouvoir de vieillissement. **/ TERRE :** Odeur et saveur rappelant la terre mouillée, l'humus. Généralement pas un défaut. Les vins de Graves peuvent avoir un goût de terre. **/ VINEUX :** Au nez, intense et concentré, sans caractère de cépage reconnaissable. En bouche, plein et relativement riche en alcool.
/ /

(Vocabulaire du vin.)

Festival de palmes

- **2000** ♦ *Dancer in the Dark*, LARS VON TRIER.
- **1999** ♦ *Rosetta*, JEAN-PIERRE ET LUC DARDENNE.
- **1995** ♦ *Underground*, EMIR KUSTURICA.
- **1994** ♦ *Pulp Fiction*, QUENTIN TARANTINO.
- **1991** ♦ *Barton Fink*, ETHAN COEN ET JOEL COEN.
- **1989** ♦ *Sexe, mensonges et vidéo*, STEVEN SODERBERGH.
- **1987** ♦ *Sous le Soleil de Satan*, MAURICE PIALAT.
- **1985** ♦ *Papa est en voyage d'affaires*, EMIR KUSTURICA.
- **1984** ♦ *Paris Texas*, WIM WENDERS.
- **1979** ♦ *Die Blechtrommel* (Le Tambour) [ex-aequo], VÖLKER SCHLÖNDORFF.
- **1979** ♦ *Apocalypse Now* (A work in progress) [ex-aequo], FRANCIS FORD COPPOLA.
- **1977** ♦ *Padre Padrone*, VITTOTIO TAVIANI ET PAOLO TAVANI.
- **1976** ♦ *Taxi Driver*, MARTIN SCORCESE.
- **1963** ♦ *Le Guépard*, LUCHINO VISCONTI.
- **1961** ♦ *Viridiana* [ex-aequo], LUIS BUÑUEL.
- **1960** ♦ *La Dolce Vita*, FEDERICO FELLINI.
- **1959** ♦ *Orfeu Negro*, MARCEL CAMUS.

(Quelques palmes d'or glanées au Festival de Cannes.)

Mirages ou déserts ?

Désert du Sahara : 7.770.000 km^2 /// **Australie centrale :** 1.500.000 km^2 /// **Gobi :** 1.036.000 km^2 /// **Kalahari :** 518.000 km^2 /// **Australie du Nord-Ouest :** 414.000 km^2 /// **Victoria :** 324.000 km^2 /// **Takla Makan :** 320.000 km^2 /// **Rub al-Khali :** 300.000 km^2 /// **Kara-Koum :** 270.000 km^2 /// **Thar :** 260.000 km^2 /// **Kizil-Koum :** 230.000 km^2 /// **Gibson :** 220.000 km^2 /// **Atacama :** 181.000 km^2 /// **Néfoud :** 120.000 km^2

(Les grands déserts de la planète.)

La culture aux cabinets

Février 1959 >>> ANDRÉ MALRAUX
22 juin 1969 >>> EDMOND MICHELET
19 octobre 1970 >>> ANDRÉ BETTENCOURT
7 janvier 1971 >>> JACQUES DUHAMEL
5 avril 1973 >>> MAURICE DRUON
1er mars 1974 >>> ALAIN PEYREFITTE
8 juin 1974 >>> MICHEL GUY
27 août 1976 >>> FRANÇOISE GIROUD
30 mars 1977 >>> MICHEL D'ORNANO
5 avril 1978 >>> JEAN-PHILIPPE LECAT
4 mars 1981 >>> MICHEL D'ORNANO
22 mai 1981 >>> JACK LANG
20 mars 1986 >>> FRANÇOIS LÉOTARD
12 mai 1988 >>> JACK LANG
28 juin 1988 >>> JACK LANG
16 mai 1991 >>> JACK LANG
2 avril 1992 >>> JACK LANG
30 mars 1993 >>> JACQUES TOUBON
18 mai 1995 >>> PHILIPPE DOUSTE-BLAZY
4 juin 1997 >>> CATHERINE TRAUTMANN
27 mars 2000 >>> CATHERINE TASCA
7 mai 2002 >>> JEAN-JACQUES AILLAGON
31 mars 2004 >>> RENAUD DONNEDIEU DE VABRES

(Ministres de la Culture.)

Les sentiers de la gloire

1953 → *Fear and desire*
1955 → *Le Baiser du tueur* (**Killer's Kiss**)
1956 → *L'Ultime razzia* (**The Killing**)
1957 → *Les Sentiers de la gloire* (**Paths of Glory**)
1960 → *Spartacus*
1962 → *Lolita*
1964 → *Docteur Folamour* (**Dr. Strangelove or : How I learned to Stop Worrying and Love the Bomb**)
1968 → *2001, l'odyssée de l'espace* (**2001 : A Space Odyssey**)
1971 → *Orange mécanique* (**A Clockwork Orange**)
1975 → *Barry Lyndon*
1980 → *Shining* (**The Shining**)
1987 → *Full Metal Jacket*
1999 → *Eyes Wide Shut*

(Films de Stanley Kubrick, 1928-1999.)

Just do it !

Adidas La victoire est en nous • • • **Air France** Faire du ciel le plus bel endroit de la terre • • • **Babybel** 360° de bonheur • • • **Barbie** C'est tellement mieux d'être une fille • • • **Evian** Déclaré source de jeunesse par votre corps • • • **Hugo Boss** N'imitez pas, innovez • • • **Interflora** Qui sème les fleurs, récolte la tendresse • • • **L'Oréal** Parce que je le vaux bien • • • **Lapeyre** Y'en a pas deux • • • **Leroy Merlin** Et vos envies prennent vie • • • **McDonald's** C'est tout ce que j'aime • • • **RATP** Un bout de chemin ensemble • • • **Nike** Just do it • • • **Quick** Nous, c'est le goût • • • **Renault** Créateur d'automobile • • • **RTL2** Ce n'est pas de la radio, c'est de la musique • • • **Volvic** Un volcan s'éteint, un être s'éveille

(Quelques slogans publicitaires récents.)

Reines d'un an

* 2006 * ALEXANDRA ROSENFELD * Languedoc *

* 2005 * CINDY FABRE * Normandie *

* 2004 * LAËTITIA BLÉGER * Alsace *

* 2003 * CORINNE COMAN * Guadeloupe *

* 2002 * SYLVIE TELLIER * Lyon *

* 2001 * ÉLODIE GOSSUIN * Picardie *

* 2000 * SONIA ROLLAND * Bourgogne *

* 1999 * MAREVA GALANTER * Tahiti *

* 1998 * SOPHIE THALMANN * Lorraine *

* 1997 * PATRICIA SPEHAR * Paris *

* 1996 * LAURE BELLEVILLE * Pays de Savoie *

* 1995 * MÉLODY VILBERT * Aquitaine *

* 1994 * VALÉRIE CLAISSE * Pays de Loire *

* 1993 * VÉRONIQUE DE LA CRUZ * Guadeloupe *

* 1992 * LINDA HARDY * Pays de Loire *

* 1991 * MAREVA GEORGES * Tahiti *

* 1990 * GAËLLE VOIRY * Aquitaine *

* 1989 * PEGGY ZLOTKOWSKI * Aquitaine *

* 1988 * SYLVIE BERTIN * Bresse-Bugey *

* 1987 * NATHALIE MARQUAY * Alsace *

* 1986 * VALÉRIE PASCALE * Paris *

(Miss France depuis 1986.)

Tu me fends le cœur !

VALETS
- **cœur** ♥ Lahire, compagnon de Jeanne d'Arc
- **carreau** ♦ Hector, héros de la guerre de Troie
- **pique** ♠ Ogier, l'un des douze pairs de Charlemagne
- **trèfle** ♣ Lancelot du Lac

DAMES
- **cœur** ♥ Judith, héroïne biblique
- **carreau** ♦ Rachel, personnage biblique
- **pique** ♠ Pallas Athéna
- **trèfle** ♣ Argine, anagramme de Régina

ROIS
- **cœur** ♥ Charles, Charlemagne ou Charles VII
- **carreau** ♦ Jules César
- **pique** ♠ David
- **trèfle** ♣ Alexandre le Grand

Loup y es-tu ?

AVOIR UNE FAIM DE LOUP.

AVOIR VU LE LOUP.

CONNU COMME LE LOUP BLANC.

CRIER AU LOUP.

ENFERMER LE LOUP DANS LA BERGERIE.

ENTRE CHIEN ET LOUP.

HURLER AVEC LES LOUPS.

MARCHER À PAS DE LOUP.

QUAND ON PARLE DU LOUP...

SE JETER DANS LA GUEULE DU LOUP.

UN LOUP NE FAIT PAS DE CHIENS.

Je dirais même plus !

- **ABDALLAH** ❙ ❙ *Au Pays de l'Or noir*
- **ALLAN THOMPSON** ❙ ❙ *Les Cigares du Pharaon*
- **ARCHIBALD HADDOCK** ❙ ❙ *Le Crabe aux Pinces d'Or*
- **BIANCA CASTAFIORE** ❙ ❙ *Le Sceptre d'Ottokar*
- **COLONNEL SPONSZ** ❙ ❙ *L'Affaire Tournesol*
- **DR J.W. MÜLLER** ❙ ❙ *L'Île Noire*
- **DUPOND ET DUPONT** ❙ ❙ *Les Cigares du Pharaon*
- **GÉNÉRAL ALCAZAR** ❙ ❙ *L'Oreille Cassée*
- **MOHAMMED BEN KALISH EZAB** ❙ ❙ *Au Pays de l'Or Noir*
- **NESTOR** ❙ ❙ *Le Secret de la Licorne*
- **OLIVEIRA DE FIGUERA** ❙ ❙ *Les Cigares du Pharaon*
- **SANZOT** *(boucherie)* ❙ ❙ *L'Affaire Tournesol*
- **SÉRAPHIN LAMPION** ❙ ❙ *L'Affaire Tournesol*
- **TCHANG** ❙ ❙ *Le Lotus Bleu*
- **TRYPHON TOURNESOL** ❙ ❙ *Le Trésor de Rackham le Rouge*

(Leur première apparition dans un album de Tintin.)

Ils ont fait un cartoon

- Cornelius Écoutum
- Daisy
- Donald Duck
- Flairsou
- Géo Trouvetou
- Gontran Bonheur
- Miss Tick
- Picsou
- Popop
- Riri, Fifi et Loulou

(Les canards de Walt Disney.)

La gauche au pouvoir

1998 ● **Australie** PETR KORDA ● MARCELO RIOS

1984 ● **Wimbledon** JOHN MCENROE ● JIMMY CONNORS

1982 ● **Wimbledon** JIMMY CONNORS ● JOHN MCENROE

1977 ● **US Open** GUILLERMO VILAS ● JIMMY CONNORS

1977 ● **Australie** ROSCOE TANNER ● GUILLERMO VILAS

1975 ● **US Open** MANUEL ORENTES ● JIMMY CONNORS

1969 ● **US Open** ROD LAVER ● TONY ROCHE

1968 ● **Wimbledon** ROD LAVER ● TONY ROCHE

(Finales de tennis entre gauchers.)

Techno parade

Acid
Ambient
Big beat
Chill-out
Detroit
Drum'n'bass
Electro
Ghettotech
Hardcore
Hardstyle
Hardtek
House
Lounge
Makina
Minimal techno
New beat
Progressive techno-house
Schranz
Techno pop acoustique
Techno reggaeton
Trance
Tribe

(Les différents styles de musique techno.)

Poils de carotte

ANTONIO VIVALDI	▼▲	
	▼▲	ATTILA
AXELLE RED	▼▲	
	▼▲	CHRISTOPHE COLOMB
CLOVIS	▼▲	
	▼▲	DANIEL COHN-BENDIT
ÉLIZABETH TESSIER	▼▲	
	▼▲	ISABELLE BOULAY
ISABELLE HUPPERT	▼▲	
	▼▲	JEANNE D'ARC
JULIA ROBERTS	▼▲	
	▼▲	KATHARINE HEPBURN
KIRSTEN DUNST	▼▲	
	▼▲	LE PRINCE HARRY
MADELEINE CHAPSAL	▼▲	
	▼▲	MYLÈNE FARMER
NICOLE KIDMAN	▼▲	
	▼▲	RÉGINE DEFORGES
SARAH FERGUSON	▼▲	
	▼▲	SONIA RYKIEL
VALÉRIE MAIRESSE	▼▲	
	▼▲	VÉRONIQUE GENEST
VINCENT VAN GOGH	▼▲	
	▼▲	WINSTON CHURCHILL
WOODY ALLEN	▼▲	
	▼▲	YVETTE HORNER

(Roux et rousses célèbres.)

Qui a cassé quoi ?

- Cathédrale Saint-André, Bordeaux → **les Wisigoths**.
- Église de Saint-Germain-des-Prés et Abbaye de Jumièges → **les pirates normands**.
- Château de Montmorency, Église de Saint-Andoche de Saulieu, Abbaye de Beaulieu-Les loches, Limoges → **les Anglais** (Guerre de cent ans).
- Abbaye de Fontgombault, Cathédrale Saint-Pierre à Montpellier, celles de Rouen, Lisieux, Coutances, Saint-Julien au Mans, Sainte Croix à Orléans, Angers, Albi, Langres, Vienne, Saint Jean à Lyon, Notre-Dame-la-Riche à Tours, Poitiers, Jumièges, Saint-Vandrille, Périgueux, Meaux, Église de La Trinité-sur-Loire, toutes les églises de La Rochelle → **les Huguenots**.
- Le Vieux Louvre → **François 1er**.
- Châteaux de la Ferté-Milon, Domfront, Château Gaillard → **Henri IV**.
- Château Neuf, Saint Germain-en-Laye → **le comte d'Artois**.
- Château Trompette, Bordeaux, Château de Madrid → **Louis XVI**.
- Hôtel des Tournelles → **Catherine de Médicis**.
- Abbaye de Montmajour, Abbatiale de Royaumont, des dizaines d'églises et de couvents, des cathédrales, Arras, Boulogne-sur-Mer, Lille, Cambrai → **les révolutionnaires de 1789**.
- Églises Saint André-des-Arts à Paris, Saint Jean-en-Grève, Sainte Geneviève de Paris, les abbayes de Cluny, de Saint Victor, le grand Châtelet → **Napoléon**.
- Abbaye de Marmoutier à Tours et celle de Clairvaux, Hôtel-Dieu à Caen, Hôtel de la Trémoïlle à Paris, Château de Crécy → **la Monarchie de Juillet**.
- Tuileries → **les Communards**.

Quoi de neuf docteur ?

/// **Bûcher** ////// **Crucifixion** ////// **Décapitation** ////// **Déchiquetage** ////// **Défenestration** ////// **Dépeçage** ////// **Écartèlement** ////// **Écorchage** ////// **Égorgement** ////// **Emmurement** ////// **Empalement** ////// **Faim** ////// **Flagellation** ////// **Bêtes sauvages** ////// **Lapidation** ////// **Noyade** ////// **Pendaison** ////// **Strangulation** ////////////

(Quelques supplices en vogue avant l'invention du « bon » docteur Guillotin.)

Appelés à régner... très longtemps

Pépi II ·· roi d'Egypte ·· -2278/-2183 ·· **90 ans**
Louis XIV ·· roi de France ·· 1638/1715 ·· **72 ans**
Jean II ·· prince du Lichtenstein ·· 1840/1929 ·· **70 ans**
Francois Joseph ·· empereur d'Autriche ·· 1830/1916 ·· **68 ans**
Victoria ·· reine d'Angleterre ·· 1837/1901 ·· **64 ans**
Georges III ·· roi d'Angleterre ·· 1738/1820 ·· **60 ans**
Louis XV ·· roi de France ·· 1715/1774 ·· **59 ans**
Pierre II ·· empereur du Brésil ·· 1825/1891 ·· **58 ans**
Henri III ·· roi d'Angleterre ·· 1207/1272 ·· **56 ans**
Elizabeth II ·· reine d'Angleterre ·· 1952/ ...

(Les règnes les plus longs.)

Tout le monde peut se tromper

ARISTOTE (384-322 av. J.-C.) pensait que c'était le cœur et non le cerveau qui serait le siège de l'intelligence.
○

LÉONARD DE **V**INCI (1452-1519) : la vitesse d'un objet lourd qui tombe augmenterait constamment.
○

JOHANN **W**OLFGANG VON **G**OETHE (1749-1832) : les roches de la terre se seraient déposées sur les mers qui couvraient autrefois la plus grande partie du globe (neptunisme).
○

WILLIAM **T**HOMPSON (1824-1907) : la terre ne pourrait pas être habitée depuis plus de vingt millions d'années.
○

SIMON **N**EWCOMB (1835-1916) : le vol de machines plus lourdes que l'air serait impossible.
○

PERCIVAL **L**OWELL (1855-1916) : la planète Mars serait couverte d'une multitude de « canaux » droits.
○

WILLIAM **P**ICKERING (1858-1938) : les taches noires aperçues sur le cratère d'Erasthosthène sur la Lune proviendrait de grouillements d'insectes.
○

NICOLAS **T**ESLA (1856-1943) : l'énergie atomique serait une illusion.
○

ERNEST **R**UTHERFORD (1871-1937) : l'homme ne pourra jamais utiliser l'énergie nucléaire.
○

Nos plus anciens amis

Le Coelacanthe (poisson) .... 400 millions d'années
Le Dipneuste (poisson) .... 200 millions d'années
La Ligule (animal marin) ..... Un demi-million d'années
Le Péripate (ver) .... 500 millions d'années
Le Limule (arthropode marin) .... 300 millions d'années
Le Sphénodon (reptile) .... 200 millions d'années
L'Okapi (mammifère) .... 30 millions d'années
La Grenouille de l'île de Stephens (batracien) ....
.... 170 à 275 millions d'années
Le Crocodile (reptile) .... 60 à 195 millions d'années
L'Ornithorynque (mammifère aquatique) ....
.... 150 millions d'années
La Tortue (reptile) .... 275 millions d'années

(Survivants de la préhistoire.)

Trois petits tours et puis s'en vont

TOUTANKHAMON [[[pharaon]]] **18 ans**
JEANNE D'ARC [[[guerrière et sainte]]] **19 ans**
RAYMOND RADIGUET [[[écrivain]]] **20 ans**
NAPOLÉON II [[[duc de Reichstadt]]] **21 ans**
GEORGES GUYNEMER [[[pilote français]]] **23 ans**
JAMES DEAN [[[acteur américain]]] **24 ans**
PERCY SHELLEY [[[poète anglais]]] **25 ans**
JOHN KEATS [[[poète anglais]]] **25 ans**
JANIS JOPLIN [[[chanteuse américaine]]] **27 ans**
ALBERTINE SARRAZIN [[[écrivain]]] **29 ans**
MANOLETE [[[torero espagnol]]] **30 ans**
FRANZ SCHUBERT [[[compositeur autrichien]]] **31 ans**

(Ils sont morts trop jeunes...)

C'est affreux, dit Jacques…

- Ail
- Anguille
- Asperge
- Avocat
- Bois bandé
- Café
- Cannelle
- Caviar
- Céleri
- Chocolat
- Crevettes
- Échalote
- Flocons d'avoine
- Gingembre
- Ginseng
- Homard
- Huître
- Menthe
- Miel
- Moutarde
- Pêche
- Poivre
- Tomate
- Truffe

(Aliments supposés être aphrodisiaques.)

Sortons couverts

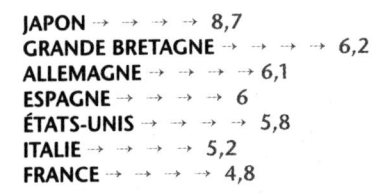

JAPON → → → → 8,7
GRANDE BRETAGNE → → → → 6,2
ALLEMAGNE → → → → 6,1
ESPAGNE → → → → 6
ÉTATS-UNIS → → → → 5,8
ITALIE → → → → 5,2
FRANCE → → → → 4,8

(Préservatifs par an et par habitant.)

Ils font bêtement l'amour

|||||||||||||||||||||||||||||||||||||| **L'âne** *monte*

|||||||||||||| **L'ânesse** *baudouine*

|||||||||||||||||||||||||||||||| **Le bélier** *lutte*

|||||||||||||||||||||||||||||||||||||||| **La brebis** *hurtebille*

|||||||||| **L'étalon** *saillit*

||||||||||||||||||||||||||||| **Chien et chienne** *se lient*

|||||||||||||||||||||||||||||||||| **La chienne** *jumelle*

||||||||||||||||||| **Le chien** *matîne*

|||||||||||||||||||||||||||||||||||||||||| **La jument** *assortit*

|||||||||||| **Le lapin** *bouquine*

|||| **L'oie** *jagaude*

||||||||||||||||||||||||||||||| **L'oiseau** *coche*

||||||||||||||||||||||| **Le poisson** *fraye*

|||||||||||||||||||||||||||||||||||||||||||| **Le taureau** *monte*

||||||||||||||||||||||||||||| **Les vivipares** *couvrent*

Les bons mots de Robert

1960	1970	1980
Badge	Bio	Aérobic
BD	Cloner	Allégé
Contester	Cool	Anti allergique
Écologie	Déconstruire	Autobronzant
Informatique	Défonce	Bioéthique
Jouissif	Disco	Défouloir
Laser Flippant	Ecstasy	Djihad
LSD	IVG	Faxer
Média	Loft	Home-trainer
Mini	Look	Intifada
Modem	Microprocesseur	Liposuccion
Pop	Ovni	Minitel
Puce	Pixel	Prime time
Spationaute	Planant	Sucrette
Supermarché	RER	Relooker
Surfer	Sushi	Walkman
S'éclater	Tiers-Mondiste	Yuppie

(Nouveaux mots apparus dans le dictionnaire Robert.)

Je t'aime, un peu... beaucoup

La durée du coït varie suivant l'espèce :

2 à 4 secondes chez la souris,

4 à 6 secondes chez le chamois,

15 à 20 secondes chez les bonobos,

20 à 30 secondes chez les ruminants,

1 à 1,5 minute chez l'étalon,

De 2 à 20 minutes chez le lézard,

5 minutes chez le verrat,

Jusqu'à 30 minutes chez le chien,

60 minutes chez le serpent,

15 minutes chez l'homme (et plus si affinités...)

Le « ring » me met k.o.

L'Or du Rhin	2 h 40
La Walkyrie	4 h
Siegfried	4 h 10
Tristan et Iseut	4 h 20
Le Crépuscule des dieux	4 h 30
Parsifal	5 h

(Durée des opéras de Wagner.)

Allez les vers !

Ce siècle avait deux ans Rome remplaçait Sparte.
Victor Hugo

    C'était pendant l'horreur d'une profonde nuit.
                  Racine

Deux pigeons s'aimaient d'amour tendre.
Jean de la Fontaine

    Donne-lui tout de même à boire, dit mon père.
                  Victor Hugo

Et le combat cessa, faute de combattants.
Pierre Corneille

    Heureux qui comme Ulysse a fait un beau voyage.
                  Joachim du Bellay

J'aime le son du cor le soir au fond des bois.
Alfred de Vigny

    Le coup passa si près que le chapeau tomba.
                  Victor Hugo

Lorsque l'enfant paraît, le cercle de famille
applaudit à grands cris.
Victor Hugo

    Un seul être vous manque et tout est dépeuplé.
                  Alphonse de Lamartine

Ô rage, Ô désespoir, Ô vieillesse ennemie.
Pierre Corneille

    Que dis-je c'est un cap ? C'est une péninsule !
                  Edmond Rostand

Rome, unique objet de mon ressentiment.
Pierre Corneille

    Ô ! Combien de marins, combien de capitaines.
                  Victor Hugo

(Vers célèbres.)

Ça mérite une bonne correction

s / e/	Lá premier soir je me suịt donc	Lettres à changer
|||||	endormi sur|le|sable | à|mille| milles de	Espacement irrégulier
3/ 3/	toutes les terres habitéęs. J'étais plus	Lettres à retourner
	isolé qu'un naufragé sur un radeau au	Blanc à diminuer
9/ 9/	miłieu de l'océan. Alors vous imagáinez	Lettres à enlever
, /	ma surprise au lever du jour, quand une	Virgule à ajouter
	drôle de petite voix m'a réveillé.	Blanc à ajouter
↕↕↕↕↕	Elle d|i|s|a|i|t :	Désespacer
[/	[- S'il vous plaît... dessine-moi	Alinéa à faire
rom	un mouton !	À mettre en romain
⌒	J'ai sauté sur|pieds|mes|comme si	Mots à transposer
# / # /	j'avais été frappé par la foudre. J'ai bien	Mots à espacer
y bu	frotté mes yeux. J'ai bien regardé. Et j'ai	Lettres qui ne sont pas du caractère
~~	vu un petit bonhomme tout à fait extra-	Lettres qui chevauchent
X	ordinaire qui me considérait grave-	Espace à baisser
a / n /	ment. Je regadai donc cette apparition	Lettres manquantes
ronds	avec des yeux tout bleus d'étonnement.	Mots à changer
↕	N'oubliez pas que je me trouvais à	Espace à enlever
	Quand je réussis enfin à parler, je lui	Deux lignes
	dit : Mille milles de toutes les régions	à
	habitées	Transposer
fais /	- Mais... qu'est-ce que tu là ?	Mot manquant
	Et il me répéta alors,	À faire suivre
	tout doucement,	
] /	] comme une chose très sérieuse :	Rentré à supprimer
S	- s'il vous plaît... dessine-moi un	Composer en majuscules
bdc	MOUTON !	Composer en minuscules
v/v/	Et c'est ansịi que je fṣi la connaissance	Lettres à transposer
bon	du|petit|prince.	Mot biffé à conserver

Voyelles ou consonnes ?

A noir
E blanc
I rouge
O bleu
U vert

(Couleur des voyelles selon Arthur Rimbaud.)

Pour combler vos « lagunes »

Calle = = = = = ruelle.

Campo = = = = = place.

Fondamenta = = = = = voie longeant un rio ou un canal.

Piazetta = = = = = placette.

Piazza = = = = = grande place.

Ramo = = = = = ruelle de liaison.

Rio = = = = = canal.

Rio terrà = = = = = rue installée dans un rio comblé.

Ruga = = = = = ruelle.

Salizzada = = = = = artère pavée.

Sestieri = = = = = les six divisions administratives :

San Marco, Cannaregio, Castello,

Santa Croce, Dorsoduro, San Polo.

(Toponymie de Venise.)

Sacré quatuor

LE LION ❚ Saint Marc
LE TAUREAU ❚ Saint Luc
L'AIGLE ❚ Saint Jean
L'HOMME ❚ Saint Matthieu

(Les symboles des quatre évangélistes.)

À louer

Abbatiale du Mont Saint-Michel / 2 670 €

Château d'If / 460 €

Château de Pau / 1 525 €

Château de Saint- Germain-en-Laye / 1 070 €

À PARIS ///

Chapelle expiatoire / 580 €

Chapelle royale de Vincennes / 1 265 €

Colonnade du Panthéon / 8 000 €

Jardins du Musée Carnavalet / 10 000 €

Parvis du Trocadéro / 15 245 €

La Conciergerie / 30 490 €

(Prix moyen pour 8 heures d'occupation.)

Ils ont leur « mot » à dire

La langue est un théâtre dont les mots sont les acteurs.
FERDINAND BRUNETIÈRE

> Chaque mot écrit une victoire contre la mort.
> **MICHEL BUTOR**

Un chef-d'œuvre de la littérature n'est jamais
qu'un dictionnaire en désordre.
JEAN COCTEAU

> La majuscule est un coup de chapeau calligraphique.
> **HENRI JEANSON**

L'adjectif c'est la graisse du style.
VICTOR HUGO

> Le lecteur s'attend à un mot
> et moi je lui en colle un autre, c'est ça le style.
> **LOUIS-FERDINAND CÉLINE**

Ce vice impuni, la lecture.
VALÉRY LARBAUD

> Les mots nous trompent comme des filles.
> **ROMAIN ROLLAND**

La musique a sept lettres, l'écriture a vingt-cinq notes.
JOSEPH JOUBERT

> Quand je pense à tous les livres qu'il me reste à lire,
> j'ai la certitude d'être encore heureux.
> **JULES RENARD**

La pensée vole et les mots vont à pied
voilà tout le drame de l'écrivain.
JULIEN GREEN

> Les mots savent ce que nous ignorons d'eux.
> **RENÉ CHAR**

Les mots peuvent ressembler aux rayons X, si l'on s'en
sert convenablement, ils transpercent n'importe quoi.
ALDOUS HUXLEY

> Lisez pour vivre.
> **GUSTAVE FLAUBERT**

(Citations autour du « mot » et de la « langue ».)

Attachez vos ceintures

- Londres, Royaume-Uni (Heathrow) 67 344 054
- Tokyo, Japon (Haneda) 62 291 405
- Paris, France (Charles de Gaulle) 51 260 363
- Francfort, Allemagne (Frankfurt) 51 098 271
- Amsterdam, Pays-Bas (Schiphol) 42 541 180
- Madrid, Espagne (Barajas) 38 704 731
- Bangkok, Thaïlande (Bangkok) 37 960 169
- Hong Kong, Chine (Hong-Kong) 36 711 920
- Beijing, Chine (Beijing capital) 34 883 190
- Londres, Royaume-uni (Gatwick) 31 461 454
- Tokyo, Japon (Narita) 31 057 252
- Singapour (Changi) 30 353 565
- Rome, Italie (Fiumincino) 28 118 899
- Sydney, Australia (Kingsford Smith) 26 983 107
- Paris, France (Orly) 24 053 215
- Dubaï, Émirats Arabes Unis (Dubaï) 21 711 522

(Nombre de passagers, départs et arrivées, comptabilisés en 2005).

Eurobus A 380

Le nez de l'Airbus 380 est produit à St Nazaire/Méaulte, France
Fuselage avant → Hambourg, Allemagne
Capot Ventral → Getafe, Espagne
Ailes → Broughton, Angleterre
Mâts Réacteurs → St Éloi, France
Ailerons → Nantes, France
Volets → Brême, Allemagne
Tronçon Central → St Nazaire/Nantes, France
Fuselage Arrière → Hambourg, Allemagne
Cône Arrière → Getafe, Espagne
Empennage Horizontal → Cadix-Getafe, Espagne
Dérive Verticale → Stade, Allemagne

Ma mère disait

>>> Ça ne te regarde pas. <<<

>>> Je ne suis pas ta bonne. <<<

>>> Tu ne vis pas à l'hôtel. <<<

>>> C'est pour ton bien. <<<

>>> C'est bientôt fini cette comédie ? <<<

>>> On ne montre pas du doigt. <<<

>>> On ne lit pas à table. <<<

>>> On ne parle pas la bouche pleine. <<<

>>> On ne dit pas « on ». <<<

>>> C'est bien fait ! Tu l'as bien cherché. <<<

>>> Tu veux que je me fâche ? <<<

>>> N'avale pas tout rond. <<<

>>> Ferme la bouche en mangeant. <<<

>>> Finis d'abord ce qu'il y a dans ton assiette. <<<

>>> On pousse avec du pain. <<<

>>> Ne te bourre pas de pain. <<<

>>> Merci, mon chien ! <<<

>>> Prends tes précautions. <<<

>>> Regarde où tu marches. <<<

>>> Ronge pas tes ongles. <<<

>>> Tu veux mon doigt ? <<<

>>> Mets ta main devant la bouche. <<<

>>> Tu as fait tes devoirs ? <<<

(Les mamandises, *Nina Sutton, Michèle Slung.*)

Tristes amuse-Bush

ANTHONY FUENTES † *(exécuté en novembre 2004)*
Poulet frit, steak frites, tacos, pizza, hamburger, eau et coca-cola.

FRANK RAY CHANDLER † *(novembre 2004)*
Une pizza Hut avec supplément fromage, poivrons, jambon, champignons et olives noires avec un verre de lait glacé.

FREDERICK PATRICK MAC WILLIAMS † *(septembre 2004)*
Six blancs de poulets frits avec du ketchup, des frites, six rouleaux de printemps, du riz frit aux crevettes avec de la sauce soja, une lasagne à six couches, six tranches de dinde avec de la sauce et six limonades avec beaucoup de sucre.

DEMARCO MARKEITH MAC CULLUM † *(novembre 2004)*
Un gros cheeseburger avec beaucoup de frites, trois cocas, une tarte aux pommes et cinq sucettes à la menthe.

ROBERT WALKER † *(novembre 2004)*
Dix pilons de poulets frits, deux double cheeseburgers avec oignons, cornichons, tomates, mayonnaise, ketchup, sel, poivre et une petite salade du chef avec des cubes de jambon, beaucoup de frites, cinq biscuits au caramel, deux limonades, deux cocas, une grande glace à la crème, et une tarte aux pommes.

LORENZO MORRIS † *(novembre 2004)*
Poulet frit et poisson frit, du pain français, une tarte aux pommes, une glace, deux limonades et un paquet de Camel avec des allumettes (les cigarettes lui ont été refusées).

(Derniers repas commandés par ces condamnés à mort.)

Un chausseur sachant chausser

Les chiffres représentés par les pointures (38, 40, 44 etc...), ne correspondent pas à des centimètres mais à des points. La base de la pointure est une mesure d'origine anglaise équivalant à 20 centimètres ; elle est divisée en 33 points ; chacun d'eux représente donc environ 6,6 mm.
Pour obtenir une pointure de femme, on ajoute à ce chiffre de base (33) les chiffres : 2, 3, 4, 5, 6, 7, 8, 9, ce qui donne 35, 36, 37, etc.
Au même chiffre de base, pour obtenir les pointures d'hommes, on ajoute les chiffres 6, 7, 8, 9, 10...13 ; et l'on obtient du 39, du 40, du 41, du 46, etc.

À pied, à cheval et en voiture

- • • La « chandelle » **en stationnant**
- • • La « marcheuse » **en arpentant le trottoir**
- • • L' « échassière » **sur son tabouret de bar**
- • • La « bucolique » **au bois**
- • • La « montante » **dans les auberges**
- • • L' « amazone » **en voiture**
- • • La « call girl » **au téléphone**
- • • La « michetonneuse » **en terrasse**
- • • La « caravelle » **dans les palaces et aéroports**
- • • L' « étoile filante » **en dilettante**

(Surnoms des prostituées en fonction de leur façon d'aborder les clients.)

À malin, malin et demi

* Asmodée
* Azazel
* Bélial
* Belzébuth
* Iblis ou Sheytan (qui a donné Satan) pour les Musulmans
* le Démon
* le Malin
* le Maufé
* Lucifer
* Mastéma
* Méphistophélès
* Satan (latin : Satanas)
* Semiasas

(Les différents noms du diable.)

Ils ont les tempes argentées

- B¡ll Gates (USA)
- Warren Buffet (USA)
- Carlos Slim Helù (Mexique)
- Ingvar Kamprad (Suède)
- Lakshmi Mittal (UK)
- Paul Allen (USA)
- Bernard Arnault (France)
- Prince Alwaleed (Arabie Saoudite)
- Kenneth Thomson (Canada)
- Li Ka-Shing (Chine)

(Top ten des milliardaires, 2006.)

Essais comparatifs

XV d'Angleterre
Couleurs : maillot blanc, short blanc.
Stade : Twickenham à Londres (73 500 places).
Emblème : la rose de Lancaster.

XV d'Écosse
Couleurs : maillot bleu marine, short blanc.
Stade : Murrayfield à Édimbourg (67 500 places).
Emblème : le chardon.

XV de France
Couleurs : maillot bleu, short blanc, chaussettes rouges.
Stade : Stade de France à Saint-Denis (79 000 places).
Emblème : le coq.

XV du Pays de Galles
Couleurs : maillot rouge, short blanc.
Stade : Millennium Stadium à Cardiff (72 500 places).
Emblème : 3 plumes d'autruche. On surnomme aussi l'équipe du Pays de Galles le XV du poireau.

XV d'Irlande
Couleurs : maillot vert, short blanc.
Stade : Lansdowne Road à Dublin (49 000 places).
Emblème : le trèfle.

XV d'Italie
Couleurs : maillot bleu, short blanc.
Stade : Stade Flaminio à Rome (34 000 places).
Emblème : la couronne de laurier sous le drapeau italien.

(Équipes du Tournoi des 6 nations.)

C'est leur vrai nom

ANTHONY QUINN ---------------------
--------------------- ART GARFUNKEL
CHARLIE CHAPLIN ---------------------
--------------------- CLARK GABLE
CLINT EASTWOOD ---------------------
--------------------- DIZZY GILLEPSIE
DUSTIN HOFFMAN ---------------------
--------------------- ELVIS PRESLEY
ERROL FLYNN ---------------------
--------------------- FRANK SINATRA
GINA LOLLOBRIDGIDA ---------------------
--------------------- HUMPHREY BOGART
INGRID BERGMAN ---------------------
--------------------- MAE WEST
MARLON BRANDO ---------------------
--------------------- MELINA MERCOURI
ORSON WELLES ---------------------
--------------------- PAUL ANKA
ROGER MOORE ---------------------
--------------------- STEVE MC QUEEN

La latitude-attitude

Montréal / Bordeaux
New York / Naples
Shangaï / Le Caire
Tokyo / Athènes
Abidjan / Recife
Anchorage / Saint-Pétersbourg
Poitiers / Seattle
Saint-Pierre-et-Miquelon / Nantes

Pékin / Rome
Séoul / Séville
Moscou / Edimbourg
Rio de janeiro / Tahiti
Périgueux / Vladivostok
Los-Angeles / Rabat
La Havane / Honk-Hong
Buenos Aires / Le Cap
Santa Fe / Freetown
Antananarivo / Mururoa

(Villes situées à la même latitude.)

Ils ont préféré en changer !

AKHENATON > Philippe Fragione >>> ARLETTY > Léonie Bathiat >>> ARTHUR > Jacques Essebag >>> BÉNABAR > Bruno Nicolini >>> BOURVIL > André Raimbourg >>> CHARLES AZNAVOUR > Chahnour Aznavourian >>> DALIDA > Yolande Gigliotti >>> DAVE > Wouter Levenbach >>> DEAN MARTIN > Dino Crocetti >>> DICK RIVERS > Hervé Fornieri >>> DOC GYNÉCO > Bruno Beausire >>> DOROTHÉE > Frédérique Hoschédé >>> EDDY MITCHELL > Claude Moine >>> EL CORDOBÉS > Manuel Benítez Pérez >>> ELTON JOHN > Reginald Kenneth Dwight >>> ENRICO MACIAS > Gaston Ghrenassia >>> FRED ASTAIRE > Frederick Austerlitz >>> JACQUES CHANCEL > Joseph Crampes >>> MYLÈNE FARMER > Marie-Hélène Gauthier >>> JEAN FERRAT > Jean Tenenbaum >>> DIAM'S > Mélanie Georgiades >>> JEAN-PIERRE CASSEL > Jean-Pierre Crochon >>> JOEY STARR > Didier Morville >>> JOHN WAYNE > Marion Morrison >>> JULIEN LEPERS > Ronan Lepers >>> KAREN CHÉRYL > Isabelle Morizet >>> KARL ZÉRO > Marc Tellenne >>> KIRK DOUGLAS > Issur Danielovitch >>> LINO VENTURA > Angelo Borrini >>> AXELLE RED > Fabienne Demal >>> LOVA MOOR > Marie-Claude Jourdain >>> M.C. SOLAAR > Claude M'Barali >>> MARIA CALLAS > Maria Kalogeropoulos >>> MAURICE RONET > Maurice Robinet >>> MICHEL FIELD > Michel Feldschuh >>> MICHEL HOUELLEBECQ > Michel Thomas >>> MIOU-MIOU > Sylvette Hery >>> MOULOUDJI > Marcel Diahich >>> NANA MOUSKOURI > Joanna Petsilas >>> OMAR SHARIF > Michel Shalhoub >>> PATRICK BRUEL > Maurice Benguigui >>> PHILIPPE SOLLERS > Philippe Joyaux >>> PIEM > Pierre de Barrigue de Montvallon >>> ROGER HANIN > Roger Levy >>> ELTON JOHN > Reginald Kenneth Dwight >>> SIM > Simon Jacques Eugène Berryer >>> SIMONE SIGNORET > Simone Kaminker >>> PATRICK FIORI > Jean-François Chouchayan >>> SOPHIE MARCEAU > Sophie Maupu >>> STÉPHANE AUDRAN > Colette Dacheville >>> TOM CRUISE > T. C. Mapother >>> YUL BRYNNER > Taidje Khan >>> YVES MONTAND > Ivo Livi >>>

Faites l'humour pas la guerre

« L'absence totale d'humour dans la Bible est une des choses les plus étranges de toute la littérature. »
ALFRED NORTH WHITEHEAD

« La vie est trop courte pour être prise au sérieux. »
GEORGE BERNARD SHAW

« Le rire ? Ne m'appelez plus sur ce sujet.
Je n'y suis pour Bergson. » FRANCIS BLANCHE

« Qui rit le vendredi, c'est toujours ça de pris. »
FRANÇOIS CAVANNA

« Je ne plaisante jamais avec l'humour. »
FRIGYES KARINTHY

« L'humour est le plus court chemin d'un homme à un autre. » GEORGES WOLINSKI

« L'humour est nénarrable, solite, décis, mondérable, commensurable, tempestif, déniable et trépide. »
JACQUES PRÉVERT

« L'humoriste, c'est un homme de bonne mauvaise humeur. » JULES RENARD

« L'humour ne peut exister que là où les gens discernent encore la frontière entre ce qui est important et ce qui ne l'est pas. » MILAN KUNDERA

« L'humour, ce sont les grands sentiments débarrassés de leur connerie. » PHILIPPE MEYER

« Le rire est à l'homme ce que la bière est à la pression. »
PIERRE DAC

« Qui prête à rire n'est jamais sûr d'être remboursé. »
RAYMOND DEVOS

« L'humour est l'art d'exister. » ROBERT ESCARPIT

« L'humour vient d'un excès de sérieux. »
TRISTAN BERNARD

« Comment définir l'humour quand le définir c'est le faire disparaître. » VIOLETTE NAOUN

« L'humour c'est la politesse du désespoir. »
GEORGES DUHAMEL

« « » « » « « » « » « « » « » « « » « » «

Arrêtez de « brailler » !

La baleine))) **chante**
La belette))) **belote**
La chauve-souris))) **grince**
Le coucou))) **coucoule**
Le cygne))) **trompette**
Le faon))) **râle**
Le geai))) **jase**
Le goéland))) **pleure**
Le grillon))) **grésille**
La mouette))) **rit**
L'ours))) **grogne**
La panthère))) **feule**
Le paon))) **braille**
Le perroquet))) **cause**
La sauterelle))) **stridule**
La souris))) **chicote**

Demandez nos esquimaux !

Le Festin de Babette, Gabriel Axel ✳●● *La Cuisine des anges*, Michael Curtiz ✳●● *La Cuisine au beurre*, Gilles Grangier ✳●● *Le Goût du saké*, Yasujiro Ozu ✳●● *L'Aile ou la cuisse*, Claude Zidi ✳●● *Pain et chocolat*, Franco Brusati ✳●● *Poulet au vinaigre*, Claude Chabrol ✳●● *La Soupe aux choux*, Jean Girault ✳●● *Riz amer*, Giuseppe De Santis ✳●● *La Grande Bouffe*, Marco Ferreri ✳●● *Les Raisins de la colère*, John Ford ✳●● *La Soupe au canard*, Leo McCarey ✳●● *Les Fraises sauvages*, Ingmar Bergman ✳●● *Merci pour le chocolat*, Claude Chabrol ✳●● *Orange mécanique*, Stanley Kubrick ✳●●

(Films « gastronomiques ».)

Les comptes de Monte-Carlo

LE TERRITOIRE DE MONACO s'étend sur **200 hectares**, **53 banques** (60 milliards d'euros d'actifs, sur 360 000 comptes), **10 milliards d'euros de chiffre d'affaires annuel** (casinos : 3%), **37 000 résidents** (7 700 monégasques), **43 000 employés** (36 000 français, 7 000 italiens).

(La principauté de Monaco en chiffres.)

Mes très chers frères, mes très chères sœurs

LES FRÈRES GRIMM :
Jacob (1785-1863), **Wilhelm** (1786-1859).

LES FRÈRES KARAMAZOV :
Alexei, Dimitri, Ivan.

LES MARX BROTHERS :
Chico (Léonard, 1887-1961),
Harpo (Adolph, 1888-1964),
Groucho (Julius Henry, 1890-1977),
Gummo (Milton, 1892-1977),
Zeppo (Herbert, 1901-1979).

LES SŒURS BRONTË :
Anne (1820-1849), **Charlotte** (1816-1855),
Emily (1818-1848).

LES FRÈRES WARNER :
Harry (1881-1958), **Albert** (1882-1967),
Sam (1887-1927), **Jack** (1892-1978).

LES SŒURS ANDREWS :
Laverne (1911-1967),
Maxene (1916-1995),
Patty (1918-...).

Elles ont bien fait leur cinéma

1940 / Ginger Rogers dans *Kitty Foyle*, Sam Wood.
1941 / Joan Fontaine dans *Soupçons* (*Suspicion*), Alfred Hitchcock.
1942 / Greer Garson dans *Madame Miniver* (*Mrs Miniver*), William Wyler.
1943 / Jennifer Jones dans *Le chant de Bernadette* (*The Song of Bernadette*), Henry King.
1944 / Ingrid Bergman dans *Hantise* (*Gaslight*), George Cukor.
1945 / Joan Crawford dans *Le roman de Mildred Pierce* (*Mildred Pierce*), Michael Curtiz.
1946 / Olivia de Havilland dans *À chacun son destin* (*To Each His Own*), Mitchell Leisen.
1947 / Loretta Young dans *Ma femme est un grand homme* (*The Farmer's Daughter*), H.C. Potter.
1948 / Jane Wyman dans *Johnny Belinda*, Jean Negulesco.
1949 / Olivia de Havilland dans *l'Héritière* (*The Heiress*), William Wyler.
1950 / Judy Holliday dans *Comment l'esprit vient aux femmes* (*Born Yesterday*), George Cukor.

1951 / Vivien Leigh dans *Un tramway nommé désir* (*A Streetcar Named Desire*), Elia Kazan.
1952 / Shirley Booth dans *Reviens petite Sheba* (*Come Back, Little Sheba*), Daniel Mann.
1953 / Audrey Hepburn dans *Vacances romaines* (*Roman Holiday*), William Wyler.
1954 / Grace Kelly dans *Une fille de la province* (*The Country Girl*), George Seaton.
1955 / Anna Magnani dans *La Rose tatouée* (*The Rose Tattoo*), Daniel Mann.
1956 / Ingrid Bergman dans *Anastasia* d'Anatole Litvak.
1957 / Joanne Woodward dans *Les trois visages d'Ève* (*The Three Faces of Eve*), Nunnally Johnson.
1958 / Susan Hayward dans *Je veux vivre* (*I Want To Live !*), Robert Wise.
1959 / Simone Signoret dans *Les Chemins de la haute ville* (*Room at the Top*), Jack Clayton.
1960 / Elizabeth Taylor dans *La Vénus au vison*, Daniel Mann.

(Oscars féminins.)

Restez cloîtrés

MONASTÈRE = Établissement où vivent à l'écart du monde des moines ou des moniales.

ABBAYE = Couvent, monastère placé sous la responsabilité d'un abbé.

BÉGUINAGE = Ensemble de maisons identiques où vivaient les béguines.

CHARTREUSE = Couvent de chartreux.

CLOÎTRE = Galerie à colonnes entourant une cour au centre d'un monastère.

COUVENT = Maison religieuse ; maison des ordres mendiants.

LAURE = Monastère orthodoxe.

PRIEURÉ = Monastère autonome dépendant d'une abbaye, dirigé par un prieur.

Les 5 « contre sens »

CÉCITÉ = **PERTE DE LA VUE**

SURDITÉ = **OUÏE**

ANOSMIE = **ODORAT**

AGUEUSIE = **GOÛT**

ANALGÉSIE = **TOUCHER**

Ça marche à la baguette

• • • Commander toujours plus de plats qu'il n'y a de convives. • • •

• • • • • • Prendre sans hésiter la portion qui est la plus facile à saisir sans toucher les autres morceaux. • • •

• • • Le poisson se déguste toujours après la viande. • • •

• • • • • • Le thé se boit en dehors des repas. Bières, vins de riz, cognac, whisky, ou jus de fruit peuvent accompagner la nourriture. • • •

• • • Les bouchées à la vapeur (*dim sum*) sont réservées au déjeuner ou au petit-déjeuner avec du thé. • • •

• • • • • • Il est recommandé de cracher ses os de poulet ou arêtes de poisson sur la nappe en les laissant doucement tomber de sa bouche. Ne jamais ôter quelque chose de sa bouche avec les doigts. • • •

• • • Faire un maximum de bruit en buvant sa soupe ou en aspirant ses nouilles. • • •

• • • • • • Laisser le serveur annoncer à voix haute le montant de l'addition. Plus c'est cher plus on honore ses invités. • • •

(Pour se tenir à table comme un vrai Cantonnais.)

Comment se faire prier

Le moulin à prières est un des objets rituels de la religion bouddhique tantrique ou lamaïste.

De forme cylindrique, il tourne autour d'un axe entraîné par un poids. Il contient des prières ou des mantra (paroles sacrées).

La plupart des moulins à prières renferment 12 feuilles comportant 41 lignes de texte.

Chaque ligne reprend 60 fois la célèbre formule *om mani padme hum*, ce qui fait un total de 29 520 prières.

En faisant tourner le moulin deux fois par seconde, on adresse 3 542 400 prières par minute. Si on part du calcul suivant : un bouddhiste se levant à 6 heures et se couchant à 20 heures (soit 14 heures), et faisant tourner son moulin 5 minutes par heure, on arrive au nombre impressionnant de 247 968 000 prières par jour.

Quand le bâtiment va...

LISZT / SIBELIUS / MOZART / TRUMAN / JOHNSON / ROOSEVELT / FORD / JOFFRE / VOLTAIRE / FERRY / GOETHE / STENDHAL / ROUGET DE LISLE / KIPLING / WILDE / MONTESQUIEU / HAMPTON / ELLINGTON / BASIE / GABLE / WAYNE / CITROËN / LE LAY / LINDBERGH / HERNU / FÉNELON / EIFFEL / MONTGOLFIER / CHATEAUBRIAND / MOULIN / CHURCHILL / EDOUARD VII / ROUDY / DIDEROT / FAURE / BUFFALO BILL / MENDÈS-FRANCE.

(Francs-maçons célèbres.)

Oh ! les vaches

La Charolaise	1 845 000 bestiaux
La Limousine	1 000 000 bestiaux
La Blonde d'Aquitaine	520 000 bestiaux
La Salers	205 000 bestiaux
L'Aubrac	120 000 bestiaux
La Rouge des Prés	45 000 bestiaux
La Parthenaise	25 000 bestiaux
La Blanc Bleu	24 000 bestiaux
La Gasconne	24 000 bestiaux
La Raço di Biòu	5 200 bestiaux
La Bazadaise	3 100 bestiaux

(11 races à viande du cheptel français.)

Écrits vains

APOLLINAIRE avait proposé « Eaux-de-Vie » pour *Alcools*
BALZAC : « Le Gars » pour *Les Chouans*
BAUDELAIRE : « Les Lesbiennes » pour *Les Fleurs du Mal*
LEWIS CAROLL : « Les Aventures souterraines d'Alice »
pour *Alice aux pays des merveilles*
POUCHKINE : « Encyclopédie de la vie russe »
pour *Eugène Onéguine*
PROUST : « Les Colombes poignardées »
pour *À l'ombre des jeunes filles en fleurs*
SARTRE : « Melancholia » pour *La Nausée*
STENDHAL : « Julien » pour *Le Rouge et le Noir*
ZOLA : « Le Ventre » pour *Le Ventre de Paris*

Ciel ! Mon cumulus

Le poids d'un nuage peut être calculé en estimant la quantité moyenne d'eau qui tombe sous forme de pluie.
Si toute l'atmosphère était saturée en eau, et si cette eau tombait d'un coup, cela produirait environ 35 millimètres de pluie, alors que les nuages les plus épais donnent 20 millimètres. Certains grains se produisant en air humide peuvent donner 50 millimètres ou plus, mais ils sont très localisés.
On peut aussi estimer la quantité d'eau d'après le volume du nuage : un millionième du volume du nuage est constitué d'eau. La section d'un nuage peut être mesurée en regardant son ombre. Un petit nuage de 500 m x 500 m x 100 m a un volume de 25 millions de mètres cubes d'eau, c'est-à-dire 25 tonnes.

(D'après Dave Richards et Nicolas Witkowski.)

Présentation de collections

Balles de frondes ------------------------------ glandophilie

Bouteilles miniatures d'alcool ---------- buticulamicrophilie

Boîtes de sardines ------------------------------ sardinopuxiphilie

Cochons ------------------------------ suidéphilie

Corbillards ------------------------------ philocorbie

Cure-dents ---------- dentiscalpie

Éléphants ------------------------------ pachidermophilie

Nains de jardin avec brouette ---------- nanipabulophilie

Œufs-surprises Kinder ------------------------------ kindermanie

Papiers toilette ---------- latrinapapirophilie

Pots de chambre ------------------------------ pissadouphilie

Revues portant le numéro 1 ---------- cocoframophilie

Sacs en plastique ------------------------------ saccuplastikophilie

Saucissons ---------- salsicophilie

Factures ------------------------------ notaphilie

Femmes ---------- domjuanisme

Alors ça avance ?

ONGLE	0,000 000 002 m/s
BAMBOU	0, 000 002 7 m/s
CHEVEU	0, 000 013 m/s
LIMACE	0, 001 5 m/s
HOMME AU PAS	1 m/s
NAGEUR	1,10 m/s
CAVALIER AU PAS	1,83 m/s
CAVALIER AU TROT	5,60 m/s
CAVALIER AU GALOP	10,40 m/s
VENT ACTIONNANT UN MOULIN	7 m/s
PATINEUR SUR GLACE	8 m/s

(Progression en mètres par seconde.)

Merci patrons !

Saint **Chrodegang** patron des buveurs

Saint **Genglof** des maris trompés

Saint **Lien** des couples mariés

Sainte **Sigolène** des veuves

Saint **Vulmar** des charretiers

Saint **Aichard** des maris martyrisés

Saint **Austriclinien** pour ne pas être enterré vivant

Saint **Bernulphe** pour grossir

Sainte **Burgondopare** contre les douleurs aux seins

Saint **Encrafide** contre les démangeaisons

Saint **Fructueux** pour éviter d'être dévoré par un lion

Saint **Mumolin** pour trouver le ton juste en récitant des vers

Fêtes comme chez eux

JANVIER : Republic Day parade à New Delhi, Inde

xxxxxxxxxxxxxxxxxxxxxxxxxxxxxxxxxxxxxxx

FÉVRIER : Semaine de la Vierge, Pérou

xxxxxxxxxxxxxxxxxxxxxxxxxxxxxxxxxxxxxxx

MARS : Fête de Sekaten à Yogyakarta , Indonésie

xxxxxxxxxxxxxxxxxxxxxxxxxxxxxxxxxxxxxxx

AVRIL : Nouvel an à Bhadgaon, Népal

xxxxxxxxxxxxxxxxxxxxxxxxxxxxxxxxxxxxxxx

MAI : Fête de la crevette à Oosduinkerke, Belgique

xxxxxxxxxxxxxxxxxxxxxxxxxxxxxxxxxxxxxxx

JUIN : Danse des écoliers à Tallin, Estonie

xxxxxxxxxxxxxxxxxxxxxxxxxxxxxxxxxxxxxxx

JUILLET : Festival des flotteurs de bois à Porttikoski, Finlande

xxxxxxxxxxxxxxxxxxxxxxxxxxxxxxxxxxxxxxx

AOÛT : Fête des pêcheurs de harengs à Söderhamm, Norvège

xxxxxxxxxxxxxxxxxxxxxxxxxxxxxxxxxxxxxxx

SEPTEMBRE : Joute du sarrasin à Arezzo, Italie

xxxxxxxxxxxxxxxxxxxxxxxxxxxxxxxxxxxxxxx

OCTOBRE : Fête des dattes à Erfoud, Maroc

xxxxxxxxxxxxxxxxxxxxxxxxxxxxxxxxxxxxxxx

NOVEMBRE : Foire aux chameaux à Pushkar, Inde

xxxxxxxxxxxxxxxxxxxxxxxxxxxxxxxxxxxxxxx

DÉCEMBRE : Festival des derviches à Konya, Turquie

Cachez ce saint

Saint-Amand-Montrond ▼ **Libreval**
Saint-Cloud ▼ **La Montagne-Chérie**
Saint-Cyr ▼ **Cinq Bougies**
Saint-Denis ▼ **Franciade**
Saint-Étienne ▼ **Libre-Ville**
Saint-Germain-en-Laye ▼ **Montagne-du-Bon-Air**
Saint-Jean de Bournay ▼ **Toiles à Vent**
Saint-Lô ▼ **Rocher-de-la-Liberté**
Saint-Malo ▼ **Port-Malo**
Saint-Mandé ▼ **La Révolution**
Saint-Maximin ▼ **Marathon**
Saint-Nazaire ▼ **Marat**
Saint-Raphaël ▼ **Baraston**
Saint-Symphorien sur Sèvres ▼ **Phorien sur Sèvres**
Saint-Tropez ▼ **Héraclée**
Sainte-Maxime ▼ **Cassius**
Saintes ▼ **Xantes**

(Villes débaptisées pendant la révolution.)

Des femmes modèles

* * * MONICA BELLUCCI * * * 1,76 m (89, 60, 89)
* * * CARLA BRUNI * * * 1,76 m (85, 58, 90)
* * * NAOMI CAMPBELL * * * 1, 76 m (86, 61, 87)
* * * LINDA EVANGELISTA * * * 1,77 m (87, 61, 89)
* * * ESTELLE HALLYDAY * * * 1,75 m (92, 63, 92)
* * * EVA HERZIGOVA * * * 1,80 m (92, 62, 92)
* * * KATE MOSS * * * 1,73 m (84, 58, 86)
* * * CLAUDIA SCHIFFER * * * 1,81 m (92, 62, 92)
* * * LILLEY TWIGGY * * * 1,55 m (75, 55, 80)

(Taille, tour de poitrine, de taille et de hanches.)

Passez sur Manuel !

Les avions modernes possèdent des portes équipées de toboggans gonflables que l'on déploie pour l'évacuation rapide des passagers en cas d'urgence, par exemple quand quelqu'un remarque un colis qui fait tic-tac sur un siège vide. Dès qu'un appareil se dirige vers la piste d'envol, les portes sont mises sur « automatique ». À partir de cet instant, si on les ouvre de l'intérieur, les toboggans se déplieront automatiquement, offrant la perspective de joyeuses glissades. Après l'atterrissage, lorsque l'appareil approche des passerelles de débarquement, le personnel fait passer les portes en mode « manuel », ce qui déconnecte le système des toboggans. Si on oublie de le faire et que l'on ouvre la porte, le toboggan sortira de son logement comme un diable de sa boîte, renvoyant le personnel d'accueil jusque dans le hall d'arrivée.

Délits de fuites

- J'utilise des lubrifiants naturels et non des dérivés du pétrole (vaseline) ❤
- Je partage ma douche ❤
- J'évite le jetable pour faire le ménage (lingettes) ❤
- Je purge mes radiateurs pour qu'ils soient efficaces ❤
- Je ne laisse pas mes appareils en veille ❤
- J'installe une chasse d'eau à double flux ❤
- Je privilégie les strings aux culottes, plus économiques à laver ❤
- Je renonce aux lampes halogènes trop gourmandes ❤
- Je peins mes murs en blanc pour une réfraction optimale de la lumière ❤
- J'isole mon réfrigérateur des sources de chaleur ❤
- Je récupère l'eau de pluie en citerne ❤
- Je limite la température à 19°C ❤
- J'utilise moins de papier en écrivant sur les deux côtés d'une feuille ❤
- J'éteins la lumière lorsque je quitte une pièce ❤
- Je laisse les robinets mitigeurs en position froid ❤
- Je trie les métaux car la plupart sont recyclables ❤
- Je ferme les volets le soir ❤

(Comment économiser l'énergie.)

Des pays et des villes

AZERBAÏDJAN /// Bakou
BHOUTAN /// Timphy
BOTSWANA /// Gaborone
DAGHESTAN /// Makhatchkala
ERYTHRÉE /// Asmara
ESTONIE /// Tallinn
GUINÉE-ÉQUATORIALE /// Malabo
HONDURAS /// Tegucigalpa
HONG KONG /// Victoria
KAZAKHSTAN /// Astana
KIRGHIZISTAN /// Bichkek
LESOTHO /// Maseru
MALAWI /// Lilongwe
MONGOLIE /// Oulan-Bator
OMAN /// Mascate
OSSÉTIE DU NORD /// Vladikavkaz`
OUDMOURTIE /// Ijevsk
OUZBÉKISTAN /// Tachkent
SURINAM /// Paramaribo
SWAZILAND /// Mbabane
TADJIKISTAN /// Douchanbe
TATARSTAN /// Kasan
TURKMÉNISTAN /// Achgabat
YÉMEN /// Sanaa
ZAMBIE /// Lusaka
ZIMBABWE /// Harare

(Capitales méconnues.)

Par ici la monnaie

Albanie ○ Lek
Bangladesh ○ Taka
Corée du Sud ○ Won
Croatie ○ Kuna
Éthiopie ○ Bir
Gambie ○ Dalasi
Guatemala ○ Quetzal
Honduras ○ Lampira
Kazakhstan ○ Tengué
Lettonie ○ Lats

Lituanie ○ Litas
Malaisie ○ Ringgit
Malawi ○ Kwacha
Mauritanie ○ Ougiuya
Mongolie ○ Tugrik
Nigeria ○ Naira
Panama ○ Balboa
Slovénie ○ Tolar
Viêt-nam ○ Nouveau Dông
Zambie ○ Kwacha

Le coup du Latin

Bidet ▸ ovata pelve
Cache-sexe ▸ parvum subligaculum
Dalaï-lama ▸ supremus magister buddhistarum tibetanorum
Dollar ▸ nummus americanus
Jazz ▸ nigritorum musica
Mac Donald's ▸ filius Donaldi
Nymphomane ▸ virosa mulier
Photocopieur ▸ polygraphio editus
Préservatif ▸ tegumembra
Répondeur ▸ capedictum
Rock'n'roll ▸ nuta et volve saltationis
Scooter ▸ biroluta motoria
Télévision ▸ vetravisio
Western ▸ fabula americanae occidentalis

(Dictionnaire officiel du Vatican, 1992.)

La voix de son maestro

A cappella = sans accompagnement

Adagio = lent

Allegro = vif

Andante = assez lent (entre l'adagio et l'allegro)

Cantabile = mélodie chantante et expressive

Fortissimo = très fort

Legato = en liant les notes

Moderato = modéré

Pianissimo = très faible

Pizzicato = en pinçant les cordes

Sotto voce = murmuré

Staccato = détaché

Troppo = trop

Vibrato = répétition serrée d'une même note

Vivace = vif

(Expressions italiennes utilisées en musique.)

La tour, prends garde !

FRANÇAIS					
Roi	Dame	**Tour**	Fou	**Cavalier**	Pion
ALLEMAND					
König	Dame	**Turm**	Läufer	**Springer**	Bauer
ANGLAIS					
King	Queen	**Rook**	Bishop	**Knight**	Pawn
ESPAGNOL					
Rey`	Dama	**Torre**	Alfil	**Caballo**	Peon
ITALIEN					
Re	Donna	**Torre**	Alfiere	**Cavallo**	Pedone

(Les pièces du jeu d'échecs.)

Ah ! Les jolis mots de mai

« Soyons réalistes, demandons l'impossible »
« Tout et tout de suite »
« Vivre sans temps morts, jouir sans entraves »
« L'imagination au pouvoir »
« CRS-SS »
« Du bonheur et rien d'autre »
« Nous décrétons l'état de bonheur permanent »
« Prenez vos désirs pour des réalités »
« Il est interdit d'interdire »
« Sous les pavés la plage »
« Changer de vie, c'est transformer le mode d'emploi »
« Le bonheur est une idée neuve »
« Professeurs, vous êtes vieux et votre culture aussi »
« Ce n'est qu'un début, continuons le combat »
« J'aime pas écrire sur les murs »
« Plus jamais Claudel »

(Slogans de mai 68.)

Le temps se gâte...

Quand le chat se lèche les cuisses.

Le chien mange de l'herbe.

Les abeilles restent près de leur ruche.

Les coqs chantent avant la nuit.

Les poules s'abritent et s'épluchent.

Les pintades poussent des cris plaintifs.

Les chevaux battent du pied.

Les libellules effleurent les eaux.

Les vers de terre sortent de leurs trous.

Les crapauds sautent dans les chemins.

Les serpents grimpent sur les hauteurs.

Les poissons « mordent » plus que d'habitude.

Les pies bavardent.

Le corbeau émet deux sons.

Les merles chantent à tort et à travers.

Les corneilles volent par groupe.

Devises fortes

- **Bélize** » Je prospère à l'ombre.
- **Canada** » D'un océan à l'autre.
- **Chili** » Par la raison ou la force.
- **Cuba** » La patrie ou la mort, nous vaincrons.
- **État-Unis** » En Dieu notre confiance.
- **éthiopie** » Éthiopie d'abord.
- **Fidji** » Crains Dieu et honore la reine.
- **France** » Liberté. Égalité. Fraternité.
- **Hongrie** » Tout le pouvoir est au peuple.
- **Inde** » La vérité l'emporte.
- **Liban** » Ma patrie a toujours raison.
- **Maroc** » Dieu, la Patrie, le Roi.
- **Nouvelle-Zélande** » Toujours droit.
- **Sénégal** » Un peuple, un but, une foi.
- **Suisse** » Un pour tous, tous pour un.
- **Thaïlande** » Patrie, Religion, Roi.

Adjugé, vendu !

JEAN COCTEAU : Épée d'académicien
JOHN KENNEDY : Clubs de golf
YVES MONTAND : Lunettes portées dans *L'Aveu*
LOUIS XVI : Couperet de la guillotine qui l'a décapité
JOHN LENNON : Blouson en cuir
PAUL MCCARTNEY : Certificat de naissance
VERLAINE : Diplôme de bachelier
NOUREEV : Chaussons de danse du *Lac des cygnes*
MARILYN MONROE : Robe portée pour chanter
« Happy birthday Mr President ! »
NAPOLÉON I{ER} : Pot de chambre, lit de camp, blaireau
(campagne d'Italie)
LOUIS DE FUNÈS : Ses pantoufles dans *Oscar*

(Objets de personnalités vendus aux enchères.)

Dr Tartuffe et Mr Ubu

▪▪▪▪▪ Don Juan **(T. de Molina, Molière)**
Le séducteur insatiable et sans scrupule (donjuanisme)

▪▪▪▪▪ Don Quichotte **(Cervantes)**
L'homme généreux et chimérique

▪▪▪▪▪ Dr Jekyll et Mr Hyde **(Stevenson)**
Le Bien et le Mal, les deux faces d'un même être

▪▪▪▪▪ Dulcinée **(Cervantes)**
La femme idéale, bien-aimée

▪▪▪▪▪ Harpagon **(Molière)**
L'avare

▪▪▪▪▪ Lilliput **(Swift)**
L'être ou la chose minuscule (lilliputien)

▪▪▪▪▪ Lolita **(Nabokov)**
La nymphette aguichante

▪▪▪▪▪ Pantagruel **(Rabelais)**
Un appétit pantagruélique (de géant)

▪▪▪▪▪ Pipelet **(Sue)**
Le concierge parisien ; « pipelette »

▪▪▪▪▪ Rastignac **(Balzac)**
L'ambitieux sans scrupule

▪▪▪▪▪ Tartuffe **(Molière)**
Une personne hypocrite

▪▪▪▪▪ Ubu **(Jarry)**
Un fantoche cruel et lâche (ubuesque)

▪▪

(Personnages littéraires
passés dans le langage courant.)

CQFD

- **ADAS** = Association pour le Développement des Activités Sociales
- **AUD** = Allocation Unique Dégressive
- **ASSEDIC** = ASSociation pour l'Emploi Dans l'Industrie et le Commerce
- **CAC** = Cotation Assistée en Continu
- **CBS** = Columbia Broadcasting System
- **CNIT** = Centre National des Industries et des Techniques
- **CPAO** = Conception de Programme Assistée par Ordinateur
- **COB** = Commission des Opérations de Bourse
- **EADS** = European Aeronautic Defense and Space company
- **GMT** = Greenwich Mean Time
- **GIGN** = Groupe d'Intervention de la Gendarmerie Nationale
- **GPS** = Global Positioning System
- **HCR** = Haut-Commissariat des Nations unies pour les Réfugiés
- **IFR** = Instrument Flight Rules
- **INRI** = Iesus Nazarenus Rex Iudaerum
- **INRA** = Institut National de la Recherche Agronomique
- **IRM** = Imagerie par Résonance Magnétique
- **IRA** = Irish Republican Army
- **KLM** = Köninklijke Luchtvaart Maastshappij
- **LSD** = Lyserg Saüre Diäthylamid
- **MLF** = Mouvement de Libération des Femmes
- **MODEM** = MOdulateur DEModulateur
- **MST** = Maladie Sexuellement Transmissible
- **NASDAQ** = National Association of Securities Dealers Automated Quotations
- **ONG** = Organisation Non Gouvernementale
- **OGM** = Organisme Génétiquement Modifié
- **ORSEC** = ORganisation des SECours
- **PEP** = Plan d'Epargne Populaire
- **PIB** = Produit Intérieur Brut
- **PPDA** = Patrick Poivre D'Arvor

POW = Prisoner Of War
PNL = Programme Neuro-Linguistique
RAS = Rien A Signaler
RATP = Régie Autonome des Transports Parisiens
RIB = Relevé d'Identité Bancaire
SABENA = Société Anonyme BElge de Navigation Aérienne
SACEM = Société des Auteurs Compositeurs et Éditeurs de Musique
SDECE = Service de Documentation Extérieure et de Contre-Espionnage
SERNAM = SERvices NAtional des Messageries
SICAV = Société d'Investissement à CApital Variable
SIDA = Syndrome d'ImmunoDéficience Acquise
SPA = Société Protectrice des Animaux
SOFRES = SOciété FRançaise d'Enquêtes par Sondage
SOS = Save Our Souls
VSD = Vendredi Samedi Dimanche
VRP = Voyageurs de commerce Représentants et Placiers
WC = West Center
ZAC = Zone d'Aménagement Concentré
ZUP = Zone à Urbaniser en Priorité
RSVP = Répondez S'il Vous Plaît

Ils en étaient malades !

PROUST : asthme / **VOLTAIRE** : cancer de la prostate / **NAPOLÉON 1ER** : ulcère de l'estomac / **LOUIS XV** : variole / **RIMBAUD** : syphilis / **MARAT** : eczéma / **MAZARIN** : goutte / **ROOSEVELT** : poliomyélite / **POMPIDOU** : myélome / **BOILEAU** : calculs rénaux / **JOHN WAYNE** : cancer de la gorge / **STEVE MCQUEEN** : cancer des poumons / **CHOPIN** : tuberculose / **ALEXANDRE LE GRAND** : paludisme / **DESCHANEL** : paranoïa / **VICTORIA** : hémophilie /

(Maladies de célébrités.)

Sueurs froides

JEAN BRUCE ▌▌▌ OSS 117
RAYMOND CHANDLER ▌▌▌ Philip Marlow
JÉRÔME CHARYN ▌▌▌ Isaac Sidel
PETER CHENEY ▌▌▌ Lemmy Caution
PATRICIA CORNWELL ▌▌▌ Kay Scarpetta
FRÉDÉRIC DARD ▌▌▌ San Antonio
CONAN DOYLE ▌▌▌ Sherlock Holmes
PATRICIA HIGHSMITH ▌▌▌ Mr. Ripley
IAN FLEMING ▌▌▌ James Bond
ERLE STANLEY GARDNER ▌▌▌ Perry Mason
MAURICE LEBLANC ▌▌▌ Arsène Lupin
GASTON LEROUX ▌▌▌ Rouletabille
JOHN LE CARRÉ ▌▌▌ Georges Smiley
LÉO MALET ▌▌▌ Nestor Burma
GEORGES SIMENON ▌▌▌ Commissaire Maigret

(Auteurs de romans policiers et leurs héros.)

Ramsès n'a plus la côte

------------ Protubérance occipitale externe très développée.
----------------------- Sténose de l'arc de l'atlas.
- Étroitesse congénitale de l'ensemble du canal rachidien.
--------------------- Méga-apophyse épineuse de C2.
------------ Lame osseuse se projetant au niveau des
apophyses épineuses de C3 à C5.
-------------- Signes patents de spondylarthrite ankylosante.

(Radiographie de la momie de Ramsès II.)

Eaux potables

Aguardiente ▸ Eau-de-vie espagnole

Armagnac ▸ Eau-de-vie gasconne

Bénédictine ▸ Eau-de-vie de vin, herbes et plantes

Borovicka ▸ Eau-de-vie de grain d'Europe de l'Est

Boukha ▸ Eau-de-vie de figues de Tunisie

Brandy ▸ Eau-de-vie de vin et de marc, France

Brinjevec ▸ Eau-de-vie de Yougoslavie

Calvados ▸ Eau-de-vie de cidre

Cherry-Brandy ▸ Eau-de-vie de cerises

Cognac ▸ Eau-de-vie de vin

Fine ▸ Eau-de-vie de vin ou de cidre

Framboise ▸ Eau-de-vie de framboise

Genièvre ▸ Eau-de-vie de grain de genévrier

Guignolet ▸ Eau-de-vie de cerises noires

Grappa ▸ Eau-de-vie de marc d'Italie

Korn ▸ Eau-de-vie de grain, Allemagne

Marc ▸ Eau-de-vie de marc

Pisco ▸ Eau-de-vie de vin du Pérou

Poiré ▸ Eau-de-vie de Bretagne

Schnaps ▸ Eau-de-vie des bouilleurs de cru d'Alsace

Slivovitz ▸ Eau-de-vie de prune serbe et bosnienne

Tuica ▸ Eau-de-vie à base de prune, Roumanie

Tafia ▸ Eau-de-vie de canne à sucre, Antilles

Tequila ▸ Eau-de-vie de l'agave, Mexique

Vodka ▸ Eau-de-vie de blé, de seigle, d'orge ou de maïs

Connais-toi toi-même

/ /
/ **1** / Le principal trait de mon caractère.
/ **2** / La qualité que je désire chez un homme.
/ **3** / La qualité que je préfère chez une femme.
/ **4** / Ce que j'apprécie le plus chez mes amis.
/ **5** / Mon principal défaut.
/ **6** / Mon occupation préférée.
/ **7** / Mon rêve de bonheur.
/ **8** / Quel serait mon plus grand malheur.
/ **9** / Ce que je voudrais être.
/ **10** / Le pays où je désirerais vivre.
/ **11** / La couleur que je préfère.
/ **12** / La fleur que j'aime.
/ **13** / L'oiseau que je préfère.
/ **14** / Mes auteurs favoris en prose.
/ **15** / Mes poètes préférés.
/ **16** / Mes héros dans la fiction.
/ **17** / Mes héroïnes favorites dans la fiction.
/ **18** / Mes compositeurs préférés.
/ **19** / Mes peintres favoris.
/ **20** / Mes héros dans la vie réelle.
/ **21** / Mes héroïnes dans l'Histoire.
/ **22** / Mes noms favoris.
/ **23** / Ce que je déteste par-dessus tout.
/ **24** / Les caractères historiques que je méprise le plus.
/ **25** / Le fait militaire que j'admire le plus.
/ **26** / La réforme que j'estime le plus.
/ **27** / Le don de la nature que je voudrais avoir.
/ **28** / Comment j'aimerais mourir.
/ **29** / L'état présent de mon esprit.
/ **30** / Les fautes qui m'inspirent le plus d'indulgence.
/ **31** / Ma devise.
/ /
/ /

(Le questionnaire de Proust.)

Avec des si...

>>> **Si tu dis** au chauffeur de taxi de reculer jusqu'à ta destination, quand tu arrives, c'est lui qui te doit de l'argent. <<<

>>> **Si tu te sers** d'un stylo à l'encre invisible pour envoyer des messages secrets et qu'il est vide, tu ne le sais pas. <<<

>>> **Si tu mets** un gros caillou à côté d'un petit, il ne s'en occupe pas longtemps. <<<

>>> **Si t'as pas** les moyens de te payer des stores vénitiens à tes fenêtres, tu peux porter une chemise rayée dans la maison, ça fait le même effet. <<<

>>> **Si tu fais** jouer à reculons la vidéo d'un incendie, les pompiers ont vraiment pas le beau rôle. <<<

>>> **Si tu as** un bras plus long que l'autre, le mieux c'est d'apprendre à jouer du trombone à coulisse. <<<

>>> **Si tu parles** à ton eau de javel pendant que tu fais une lessive, elle est moins concentrée. <<<

>>> **Si tu donnes** un prénom composé à ton enfant, ça lui coûte plus cher de stylo dans sa vie. <<<

>>> **Si un flic** t'arrête parce que t'es passé au feu rouge et que tu lui offres de t'arrêter au prochain feu vert, il veut pas. <<<

>>> **Si pour vendre** une pancarte « À louer », tu mets une pancarte « À vendre » dessus, c'est embêtant. <<<

>>> **Si tu envoies** un zèbre jouer avec des chevaux, ils pensent que c'est l'arbitre. <<<

>>> **Si tu es** né de parents inconnus et que t'as pas d'enfant, ton arbre généalogique c'est un bâton. <<<

>>> **Si les lapins** baisent en quelques secondes, c'est parce qu'ils n'ont pas de mains. <<<

>>> **Si tu dis** « couic-couic » quand tu marches, les gens pensent que t'as des chaussures neuves. <<<

>>> **Si t'as** un épouvantail qui ressemble à Claudia Schiffer, ça marche quand même. <<<

<<<
<<<

>>> **Si t'es** dans un avion qui va à la vitesse du son et que tu parles à ton voisin, c'est le passager derrière qui va te répondre. <<<

>>> **Si tu écris** « sans cholestérol » sur des ampoules électriques, t'en vends pas plus. <<<

>>> **Si tu ramasses** un enfant sur la plage et que tu l'approches de ton oreille assez longtemps, tu finis par entendre la mère. <<<

>>> **Si, à ta mort,** t'as demandé à être incinéré mais que tu meurs noyé, ils sont obligés de te faire bouillir. <<<

>>> **Si dans ton bureau** t'as un diplôme, t'as l'air intelligent. Si t'as un climatiseur, t'as l'air conditionné. <<<

>>> **Si ton chien** lève la patte et pisse sur ta chaussure quand tu le promènes, tu marches trop lentement. <<<

>>> **Si le douanier** te demande d'où tu viens, tu peux répondre : « D'un utérus », mais il faut pas que t'aies quelque chose d'urgent cette journée-là. <<<

>>> **Si ton chat** boit l'eau de la cuvette des toilettes, c'est peut-être pas très utile de lui acheter la bouffe la plus chère. <<<

>>> **Si les portes** de l'ascenseur se referment, qu'il part de côté et qu'il n'y a aucun bouton pour l'arrêter, c'est le métro. <<<

>>> **Si on profite** d'un tremblement de terre pour faire une petite lessive, on économise l'électricité. <<<

>>> **Si on aperçoit** un « e » à sa gauche et un « p » à sa droite, on est au milieu de nulle part. <<<

>>> **Si tes poules** pondent des œufs à la coque, il fait trop chaud dans ton poulailler. <<<

>>> **Si t'achètes** une paire de chaussures dans une vente « 2 pour 1 », tu t'es fait avoir. <<<

>>> **Si on tire** rapidement la bandelette enveloppant une momie, on peut la faire démarrer. <<<

>>> **Si un cannibale** est sujet aux caries, il fait mieux de manger seulement des diabétiques. <<<

<<<
<<<

(Les Mots de tête de Pierre Légaré, 2005.)

Numéros de table

Ils sont à tous les coins de rues 6 / Papa ou Papy 7 / Il faut que « genèse » se passe ! 7 / Avis de recherche 8 / Vieilles branches 9 / T'as de beaux yeux tu sais ! 9 / C'est marqué dessus 10 / Le zoo des mots 11 / Alors, on fretinfretaille ? 12 / On est les champions ! 13 / Là-haut, sur la montagne 13 / Le protocole de Kyoto 14 / Les oiseaux se crashent pour mourir 14 / Prénoms de noms 15 / Vous avez des questions ? 16 / Bouillon de culture 17 / Le temps c'est de l'argent 18 / Mon gigolo is rich 18 / Redondances tautologiques 19 / Et pourquoi pas Présidente ? 20 / Classe de troisième 21 / Les enfants des bons dieux 21 / Sorties des artistes 22 / Rôles secondaires 23 / Plats du jour 24 / Attention ! Écoles 24 / Le temple du soleil 25 / Prenez notes 25 / Made in England 26 / Drôles de genre 26 / Mais où est donc Ornicar ? 27 / À combien ils titrent ? 27 / Le petit suisse 28 / Et patati et patata 28 / Heureux habitants de... 29 / Sonnez les matines 30 / Quand il est midi à Londres, il est 30 / Les sots métiers 31 / Mon père ce héros 32 / Derniers soupirs 33 / Mets d'or 33 / Formations professionnelles 34 / Contre les canards laquais 35 / Rendez-vous un 29 Février 36 / Les « animots » de la Fontaine 36 / Treize à table 37 / Mais que fait la police ? 38 / Prenons nos distances 39 / Sous réserve d'inventaire 40 / L'Outre-mer patrie 40 / Tables et toiles 41 / Ce n'est pas la mer à boire 42 / Jeux interdits 42 /

Attention ! Croisements 43 / Les médaillés d'argent 44 / Hugh ! 44 / Une belle portée... 45 / Des assistants z'ailés 46 / Personnages en quête d'auteurs 46 / La valeur n'attend pas... 47 / Partir en fumée 48 / Mortelles randonnées 49 / Dernier domicile connu 50 / Beethoven fait ses numéros 51 / On vous mène en bateau 51 / Je vous le donne en miles 52 / Les langues ont du caractère 52 / Mariés ? Nous ? Jamais ! 53 / Acteurs-compositeurs 54 / Il y a du monde au plafond 55 / Des chiffres et des lettres 56 / Les jolies colonies de pintades 56 / Et à la contrebasse... ce soir 57 / Ryan, Manon, Pablo et les autres 58 / Jeanine, Colette, Éric et les autres 58 / Sous papes de sûreté 59 / « Fashion » victimes 59 / Vice et versa 60 / À quoi ça « cerf » ? 61 / Louis et couronnes 61 / Sacrés noms de chiens 62 / À plus d'un titre 62 / Le corps constitué 63 / Mon lapin est bien élevé 64 / Combien ça goutte ? 64 / 67,5 millions d'amis 65 / Promotions funèbres 65 / Lui c'est lui, moi c'est moi 66 / Tableaux de chasse 67 / Informations « capitale » 68 / My watch is a Swatch 69 / Hommes de lettres express 69 / Happy birthday ! 70 / C'est fort de café 70 / Lieux peu communs 71 / Ils pourront prendre le tram 72 / Terra incognita 73 / Indian casting 73 / Perles de cultures 74 / Lorsque l'enfant paraît 74 / Caisse de communautés 75 / Singuliers pluriels 75 / Dessins enchantés 76 / L'équation de la beauté 76 / Ma femme est entraîneuse 77 / Échecs aux maths 77 / Tintin, Tan Tan, Tintin et les autres 78 / La vache qui rit 78 / Péristyles 79 / Habemus papam 79 / L'inconnu au bataillon 80 / Qu'est-ce qu'on mange ce soir ? 81 / Amis de la poésie, bonjour ! 82 / C'est pas de ma faute 83 / Les justes prix 84 / Ils nous ont gonflés tout l'été 84 / Imagine... 85 / On en reste interdits 86 / Ordonnance médicale 87 / Ballons dirigés 88 / Pic et pic et collent les grammes 88 / À Vienne quand pourra 89 / Ça coule de source 90 / Déchetterie vendredi... plus tard pleurera 91 / Halte aux invasions barbares 91 / Surnoms de noms 92 / Touchez pas au grisbi 92 / Listix 93 / Who wird gagner des milliones ? 94 / Bons plants 95 / Festival de palmes 96 / Mirages ou déserts ? 96 / La culture aux cabinets 97 /

Les sentiers de la gloire 98 / Just do it ! 98 / Reines d'un an 99 / Tu me fends le cœur ! 100 / Loup y es-tu ? 100 / Je dirais même plus ! 101 / Ils ont fait un cartoon 102 / La gauche au pouvoir 102 / Techno parade 103 / Poils de carotte 104 / Qui a cassé quoi ? 105 / Quoi de neuf docteur ? 106 / Appelés à régner... très longtemps 106 / Tout le monde peut se tromper 107 / Nos plus anciens amis 108 / Trois petits tours et puis s'en vont 108 / C'est affreux, dit Jacques... 109 / Sortons couverts 110 / Ils font bêtement l'amour 110 / Les bons mots de Robert 111 / Je t'aime, un peu... beaucoup 112 / Le « ring » me met k.o. 112 / Allez les vers ! 113 / Ça mérite une bonne correction 114 / Voyelles ou consonnes ? 115 / Pour combler vos « lagunes » 115 / Sacré quatuor 116 / À louer 116 / Ils ont leur « mot » à dire 117 / Attachez vos ceintures 118 / Eurobus A 380 118 / Ma mère disait 119 / Tristes amuse-Bush 120 / Un chausseur sachant chausser 121 / À pied, à cheval et en voiture 121 / À malin, malin et demi 122 / Ils ont les tempes argentées 122 / Essais comparatifs 123 / C'est leur vrai nom 124 / La latitude-attitude 124 / Ils ont préféré en changer ! 125 / Faites l'humour pas la guerre 126 / Arrêtez de « brailler » ! 127 / Demandez nos esquimaux ! 127 / Les comptes de Monte-Carlo 128 / Mes très chers frères, mes très chères sœurs 128 / Elles ont bien fait leur cinéma 129 / Restez cloîtrés 130 / Les 5 « contre sens » 130 / Ça marche à la baguette 131 / Comment se faire prier ? 132 / Quand le bâtiment va... 133 / Oh ! les vaches 133 / Écrits vains 134 / Ciel ! Mon cumulus 134 / Présentation de collections 135 / Alors ça avance ? 136 / Merci patrons ! 136 / Fêtes comme chez eux 137 / Cachez ce saint 138 / Des femmes modèles 138 / Passez sur Manuel ! 139 / Délits de fuites 140 / Les pays et des villes 141 / Par ici la monnaie 142 / Le coup du Latin 142 / La voix de son maestro 143 / La tour, prends garde ! 144 / Ah ! Les jolis mots de mai 144 / Le temps se gâte... 145 / Devises fortes 146 / Adjugé, vendu ! 146 / Dr Tartuffe et Mr Ubu 147 / CQFD : 148 / Ils en étaient malades ! 149 / Sueurs froides 150 / Ramsès n'a plus la côte 150 / Eaux potables 151 / Connais-toi toi-même 152 / Avec des si... 153 /

Contributions directes et indirectes

Albert Algoud • Frédéric Beigbeder
Marylène Bellenger • Serge Beucler
Michael Broadbent • Antoine Burnier
Anne Camberlin • Anne Chemin • Julie Da Silva
Constance Desrues • Jean des Cars • Marie-Hélène
Drivaud • Alain Duchesne • Jérôme Duhamel
Jacky Durand • Carlo Egger
Pierre Enckell • Dominique et Michèle Frémy
Claude Gagnière • Sylvie Girard • Yvette Gogue
Jane Goodall • Google • Gideon Haigh • Albert Hamon
Georges et Jeanne Hémeret • Bernard Hoerni
Ben Horslen • Nathalie Kristy • Olivier Laboureur
Pierre Laurendeau • Pierre Légaré • Thierry Leguay
R. J. Lichtenberg • Pierre Louÿs • Aubrey Malone
Erin Mc Hugh • Vincent Mongaillard • Stanley Newman
Tom Parker • Nathalie Portman • Patrick Rambaud
Louis Réau • Alain Rey • Marie-Luce Ribot
Jean-Jacques Schakmundès • Michèle Slung
Jean-Sébastien Stehli • Nina Sutton • Mitchell Symons
J. P. Thévoz • A.C. Thuilliez • Jean Thulard
Martine Valo • Wikipédia • Jean Wattin-Augouard
Nicolas Witkowski • Albert Zijlstra

**Imprimé en France par PPO Graphic, Pantin.
Dépôt Légal : octobre 2006**